Biografia do silêncio

Pablo d'Ors

Biografia do silêncio
Breve ensaio sobre meditação

Tradução
Sandra Martha Dolinsky

)|(Academia

Copyright © Pablo d'Ors, 2019
Copyright © Editora Planeta do Brasil, 2021
Copyright © Sandra Martha Dolinsky
Todos os direitos reservados.
Título original: *Biografía del Silencio*

Preparação: Elisa Martins
Revisão: Fernanda Guerriero Antunes e Diego Franco Gonçales
Diagramação: Marcela Badolatto
Capa: Nine Editorial
Imagens de capa: Ilja Frei / Unsplash

Internacionais de Catalogação na Publicação (CIP)
Angélica Ilacqua CRB-8/7057

d'Ors, Pablo
      Biografia do silêncio : breve ensaio sobre meditação / Pablo d'Ors ;
tradução de Sandra Martha Dolinsky. – São Paulo: Planeta, 2021.
      192 p.

ISBN 978-65-5535-364-8
Título original: Biografía del silencio: Breve ensayo sobre meditación

1. Meditação I. Título II. Dolinsky, Sandra Martha

21-1193   CDD 158.128

Índices para catálogo sistemático:
1. Meditação

2021
Todos os direitos desta edição reservados à
EDITORA PLANETA DO BRASIL LTDA.
Rua Bela Cintra 986, 4º andar – Consolação
São Paulo – SP – 01415-002
www.planetadelivros.com.br
faleconosco@editoraplaneta.com.br

*À memória de María Luisa Führer,
minha mãe*

O desejo de luz produz luz.
Há verdadeiro desejo quando há esforço de atenção.
É realmente a luz o que se deseja
quando qualquer outro motivo está ausente.
Mesmo que os esforços de atenção
sejam durante anos aparentemente estéreis,
um dia, uma luz exatamente proporcional a esses esforços
inundará a alma.
Cada esforço soma um pouco mais de ouro
a um tesouro que nada no mundo pode subtrair.

SIMONE WEIL

1

Comecei a me sentar para meditar em silêncio e quietude por minha conta e risco, sem ninguém que me desse algumas noções básicas ou me acompanhasse no processo. A simplicidade do método – sentar-se, respirar, calar os pensamentos… – e, especialmente, a simplicidade de sua pretensão – reconciliar o homem com o que é – seduziram-me desde o começo. Como sou de temperamento tenaz, eu me mantive fiel durante vários anos a essa disciplina de simplesmente me sentar e me recolher, e logo compreendi que se tratava de aceitar de boa vontade o que viesse, fosse o que fosse.

Durante os primeiros meses, eu meditava mal, muito mal; manter as costas retas e os joelhos dobrados não era nada fácil. E, como se não bastasse, eu respirava com certa agitação. Tinha plena noção de que esse negócio de ficar sentado sem fazer nada era algo tão alheio à minha formação e experiência como, por mais contraditório que pareça, inerente ao que, no fundo, eu era. Contudo, havia algo muito poderoso que me atraía: a intuição de que o caminho da meditação silenciosa me conduziria ao encontro comigo mesmo tanto ou mais que a literatura, pela qual sempre fui apaixonado.

Para o bem ou para o mal, desde minha mais tenra adolescência fui alguém muito interessado em me aprofundar em minha própria identidade. Por isso, fui um ávido leitor. Por isso, estudei Filosofia e Teologia na juventude. O perigo de uma inclinação desse tipo é, evidentemente, o egocentrismo; mas, graças ao sentar-se, respirar e nada mais, comecei a me dar conta de que essa tendência podia ser erradicada – não mais por meio da luta e da renúncia, como me haviam ensinado na tradição cristã, à qual pertenço, mas, sim, pelo ridículo e pela extenuação. Porque todo egocentrismo, e também o meu, levado a seu extremo mais radical, revela-se ridículo e inviável. De repente, graças à meditação, até mesmo o narcisismo mostrava um lado positivo: graças a ele, eu podia perseverar na prática do silêncio e da quietude. Pois até para o progresso espiritual é preciso ter uma boa imagem de si mesmo.

2

Durante o primeiro ano, eu ficava muito inquieto quando me sentava para meditar: tinha dor nas costas, no peito, nas pernas... Para ser sincero, doía quase tudo. No entanto, logo percebi que praticamente não havia um instante em que não sentisse dor em alguma parte do corpo; e só quando me sentava para meditar é que me tornava consciente dessa dor. Então, criei o hábito de formular a mim mesmo algumas perguntas como: o que está doendo? Como está doendo? E, enquanto me perguntava isso e tentava responder, a dor desaparecia ou simplesmente mudava de lugar. Não demorei a extrair uma conclusão disso: a pura observação é transformadora. Como diria Simone Weil – a quem comecei a ler naquela época –, não há arma mais eficaz que a atenção.

A inquietude mental – o que percebi logo após os incômodos físicos – não foi para mim uma batalha menor ou um obstáculo mais suportável. Ao contrário: um tédio infinito me espreitava em muitas de minhas sentadas – como comecei a chamá-las, na época. Era um tormento ficar preso em alguma ideia obsessiva que não conseguia erradicar ou em alguma recordação desagradável que insistia em aparecer justamente durante a meditação. Eu respirava harmoniosamente, mas minha mente era bombardeada por algum desejo não realizado, pela culpa por algum dos meus múltiplos erros ou por meus medos recorrentes, que costumavam aparecer cada vez com novos disfarces. Eu fugia de tudo isso com bastante falta de jeito: encurtando os períodos de meditação, por exemplo; ou coçando compulsivamente o pescoço ou o nariz – onde, com frequência, se concentrava uma coceira irritante –; e também imaginando cenas que poderiam ter acontecido – pois sou muito fantasioso –; compondo frases para textos futuros – dado que sou escritor –; elaborando listas de tarefas pendentes; recordando episódios do dia; sonhando com o dia de amanhã... Devo continuar? Comprovei que ficar em silêncio consigo mesmo é muito mais difícil do que havia suspeitado antes de começar. Não demorei a extrair daqui uma nova conclusão: era quase insuportável estar comigo mesmo, motivo pelo qual eu fugia permanentemente de mim. Essa conclusão me levou à certeza de que, por mais amplas e rigorosas que houvessem sido as análises que eu havia feito de minha consciência durante minha década de formação universitária, essa consciência continuava sendo, afinal, um território pouco frequentado.

A sensação era a de quem remexe o lodo. Tinha que passar algum tempo até que o barro fosse assentando e a água começasse a ficar mais clara. Mas sou obstinado (como já disse) e, com o passar dos meses, soube que a água, quando clareia, começa a se povoar de plantas e peixes. Soube também, com mais tempo e determinação ainda, que essas flora e fauna interiores se enriquecem conforme são observadas. E agora, quando escrevo este testemunho, estou maravilhado por ver como podia haver tanto lodo onde agora descubro uma vida tão variada e exuberante.

3

Até decidir praticar a meditação com todo o rigor de que fosse capaz, eu já havia tido tantas experiências ao longo da vida que chegara a um ponto em que, sem medo de exagerar, posso dizer que não sabia bem nem quem eu era: tinha viajado para muitos países; lido milhares de livros; tido uma agenda com muitos contatos; me apaixonado por mais mulheres do que podia recordar. Como muitos dos meus contemporâneos, tinha certeza de que quanto mais experiências tivesse e quanto mais intensas e fulgurantes fossem, mais cedo e melhor eu me tornaria uma pessoa plena. Hoje, sei que não é assim: a quantidade de experiências e sua intensidade só servem para nos aturdir. Viver experiências demais costuma ser prejudicial. Não creio que o homem foi feito para a quantidade, e sim para a qualidade. As experiências, se vivermos para colecioná-las, nos chacoalham, nos oferecem horizontes utópicos, nos embebedam e confundem. Eu diria, inclusive, que qualquer experiência, mesmo a de aparência mais inocente, costuma ser vertiginosa demais para a alma humana, que só se alimenta se o ritmo que lhe é oferecido for pausado.

Graças a essa iniciação à realidade que descobri com a meditação, eu soube que os peixes coloridos que existem no fundo desse oceano que é a consciência, essas flora e fauna interiores às quais me referi anteriormente, só podem ser distinguidas quando o mar está calmo, e não durante as ondas e a tempestade das experiências. E soube também que, quando esse mar está ainda mais calmo, já não se distinguem nem os peixes, e sim só a água; água e mais nada. Os seres humanos, porém, não costumam se contentar só com os peixes, e muito menos só com a água; preferimos as ondas: elas nos dão a impressão de vida, quando o certo é que não são vida, apenas vivacidade.

Hoje, sei que é conveniente deixar de ter experiências, sejam do tipo que forem, e limitar-se a viver: deixar que a vida se expresse tal qual é, e não a encher com os artifícios de nossas viagens ou leituras, relações ou paixões, espetáculos, entretenimentos, buscas... Todas as nossas experiências costumam competir com a vida, e quase sempre conseguem tirar-lhe o lugar, inclusive anulá-la. A verdadeira vida está por trás do que nós chamamos de vida. Não viajar, não ler, não falar... tudo isso é quase sempre melhor que o contrário para a descoberta da luz e da paz.

Claro que, para vislumbrar algo de tudo isso – que tão depressa se escreve e tão devagar se aprende –, tive que me familiarizar com minhas sensações corporais e – o que é ainda mais árduo – classificar meus pensamentos e sentimentos, minhas emoções. Porque é fácil dizer que temos distrações, mas muito difícil saber de que tipo são. Levei mais de um ano para começar a dar nome ao que aparecia e desaparecia de minha mente quando eu me sentava para meditar. Até esse momento, eu havia sido um espectador, sim, mas pouco atento; ao término de uma sentada, eu pouco podia dizer sobre o que realmente havia acontecido comigo nela.

Estar atento às próprias distrações é muito mais complicado do que imaginamos. Em primeiro lugar, porque as distrações, por sua própria natureza esquiva e nebulosa, não são facilmente apreensíveis; mas também porque, ao tentar retê-las para memorizá-las e depois poder relatá-las, acabamos nos distraindo com essa nova ocupação. Apesar de tudo, pude reconhecer e nomear boa parte de minhas distrações, e graças a essa tipologia – necessariamente aproximativa – pude saber, com bastante precisão, até que nível havia chegado em minha prática de meditação depois de um ano e meio de assídua perseverança.

4

Por mais puro que fosse meu interesse pelo silêncio e pela quietude, eu não escondia o fato de que, a qualquer momento, diante do menor contratempo ou adversidade, eu poderia desistir daquilo que havia resolvido que seria minha prática espiritual mais decisiva. Nem preciso dizer que todas as razões que encontrava para desistir eram boas e suficientes: a dor nos joelhos, por exemplo (um traumatologista me desaconselhou vivamente a postura em que eu meditava); a perda de tempo (os trabalhos se acumulavam); a impossibilidade de dominar um corpo estragado durante quarenta anos pela má postura (comecei a consultar um quiroprático); a escassez de resultados... Afinal – e esta pergunta eu fazia muitas vezes –, o que eu havia conseguido depois de centenas de horas dedicadas a simplesmente ficar sentado respirando? Eu ainda não sabia que a resistência à prática meditativa é a mesma que a resistência à vida.

A julgar pelo pouco resultado que tirava de minha meditação e pelo muito sacrifício que representava, tudo indicava que, de um jeito ou de outro, cedo ou tarde, eu a deixaria de lado para me dedicar a atividades que julgava mais proveitosas na época. Contra todo prognóstico, perseverei, inexplicavelmente perseverei. É que, se a força de um ideal pode ser grande, a da realidade – quando estamos diante dela, quando a tocamos – é misteriosamente muito maior.

Para fortalecer minha convicção e alicerçar minha vontade, eu me concentrei no que julguei ser mais determinante: o silêncio. Refiro-me tanto ao que há no silêncio quanto ao silêncio em si, que é uma verdadeira revelação. Mas devo advertir, desde agora, que o silêncio, pelo menos tal como eu o vivi, não tem nada de particular. O silêncio é só o contexto que possibilita todo o resto. E o que é todo o resto? O surpreendente é que não é nada, nada em absoluto: a vida em si, que transcorre, nada em especial. Claro que digo "nada", mas poderia muito bem também dizer "tudo".

Para alguém como eu, ocidental até os ossos, foi uma grande conquista compreender – e começar a viver – que podia ficar sem pensar, sem projetar, sem imaginar, sem aproveitar, sem render: um estar no mundo, um fundir-me com ele, um ser do mundo e o mundo em si sem as cartesianas divisões ou distinções às quais estava tão acostumado devido à minha formação.

5

Tudo isso, que foi surgindo muito pouco a pouco, foi acompanhado por alguns sinais, como o progressivo amor pela natureza, a paixão pela montanha, a cada vez mais imperiosa necessidade de me retirar por alguns dias em solidão, a significativa diminuição da leitura – uma paixão que havia se transformado em vício –, um maior cuidado com a alimentação, algumas novas amizades... No entanto, como sou um experiente explorador de minha consciência, ao perceber todas essas mudanças, não resisti à tentação de anotá-las, para assim assistir, com uma consciência ainda maior, à transformação de minha biografia, algo que desejo relatar, embora de forma sucinta, neste breve ensaio de caráter testemunhal.

Tenho a convicção de que esse caminho espiritual, que tento explicar nestas páginas, eu mesmo configurei. Não quero dizer que não fui orientado por leituras luminosas, nem que não tenha recebido instruções pertinentes de alguns mestres da meditação, nem que não tenha admirado o empenho de outros buscadores espirituais, ao lado de quem percorri alguns trechos. De qualquer maneira, porém, minha impressão é que fui eu, e somente eu, quem caminhou, guiado por meu mestre interior, até onde agora me encontro.

O maior sinal de que fazia minhas sentadas cada vez melhor foi, para mim, sempre querer fazer mais. Porque, quanto mais você se senta para meditar, mais quer se sentar. Algumas vezes, cheguei inclusive a pensar que, para o homem, o mais natural é justamente fazer meditação. É certo que, no início, tudo me parecia mais importante que meditar; mas chegou o momento em que me sentar e não fazer nada além de estar em contato comigo mesmo, presente em meu presente, me parece o mais importante de tudo. Porque normalmente vivemos dispersos, ou seja, fora de nós. A meditação nos concentra, nos devolve à casa, nos ensina a conviver com nosso ser. Sem essa convivência com si mesmo, sem esse estar centrado no que realmente somos, acho muito difícil, para não dizer impossível, uma vida que possa ser considerada humana e digna.

Porém, não posso esconder que ainda há buscas demais em minha vida, o que significa que ainda há, também, muito pouca aceitação. Porque receio que quando buscamos é que costumamos rejeitar o que temos. Pois bem, toda busca verdadeira acaba por nos remeter aonde estávamos. O dedo que aponta para o outro acaba virando e apontando para nós.

6

Levei quatro décadas para compreender que o homem começa a viver à medida que deixa de sonhar consigo mesmo. Que começamos a dar frutos quando deixamos de construir castelos no ar. Que não há nada que não tenha sua origem na realidade. Quanto mais nos familiarizarmos com a realidade, seja ela qual for, melhor. Como a criança que está aprendendo a andar de bicicleta e tem êxito, de fato, quando mergulha fundo nessa atividade, e, em contrapartida, cai no chão quando começa a analisar se está andando direito ou não, assim somos nós, todos, em qualquer atividade que realizemos. Quando começamos a julgar os resultados, a magia da vida se dissipa e caímos; e isso independentemente da muita ou pouca altura de nosso voo. Em essência, é isso que a meditação ensina: a mergulhar no que estamos fazendo. "Quando como, como; quando durmo, durmo": dizem que foi assim que um grande mestre definiu o zen. Com esse espírito, não só gastamos menos energia no desenvolvimento de uma determinada atividade, como também saímos tonificados dela. O ser humano tem o potencial de se autorrecarregar na ação. Vou ilustrar o que pretendo dizer.

Como escritor que sou, desde muito jovem soube quais páginas de meus livros eram inspiradas e quais não. No fundo, é muito fácil descobrir isso: as inspiradas são aquelas que escrevi tendo esquecido de mim, mergulhado na escrita, abandonado à sorte dela; as menos inspiradas, porém, são aquelas nas quais mais trabalhei, as que planejei e redigi de um jeito mais racional e menos intuitivo. Por isso, acho que, para escrever, assim como para viver ou para amar, não se deve apertar, e sim soltar; não reter, e sim desprender. A chave de quase tudo está na magnanimidade do desprendimento. O amor, a arte e a meditação – pelo menos essas três coisas – funcionam assim.

Quando digo que é conveniente estarmos soltos ou desprendidos, refiro-me à importância de confiar. Quanto mais confiança tiver um ser humano em outro, melhor poderá amá-lo; quanto mais o criador se entregar a sua obra, mais ela lhe corresponderá. O amor – como a arte ou a meditação – é pura e simplesmente confiança. E prática, claro, porque a confiança também se exercita.

A meditação é uma disciplina para aumentar a confiança. A pessoa se senta e faz o quê? Confia. A meditação é a prática da espera. Mas o que esperamos? Nada e tudo. Se esperássemos algo específico, essa espera não teria valor, pois seria alentada pelo desejo de algo de que carecemos. Por ser não utilitária ou gratuita, essa espera ou confiança se transforma em algo pura e genuinamente espiritual.

Todos nós sabemos que as esperas costumam ser chatas e incômodas. Assim como a arte da espera, a meditação costuma ser um grande tédio. É preciso ter uma fé enorme para sentar-se em silêncio e quietude! Exato: tudo é questão de fé. Se acreditarmos em sentar-nos para meditar, mais acreditaremos em nos sentar com esse fim. De modo que eu poderia dizer que medito para ter fé na meditação. Estando aparentemente inativo, quando estou sentado, compreendo melhor que o mundo não depende de mim, e que as coisas são como são independentemente de minha intervenção. Ver isso é muito saudável: coloca o ser humano em uma posição mais humilde, tira-o do centro e lhe oferece um espelho sob medida.

7

Para me transformar em alguém que medita, além de me sentar diariamente por um, dois ou três períodos de uns vinte ou vinte e cinco minutos, não tive que fazer nada de especial. Tudo consistia em ser o que havia sido até então, mas consciente, atentamente. Todo meu esforço tinha que se limitar a controlar as idas e vindas da mente, pôr a imaginação a meu serviço e deixar de estar – como um escravo – a serviço dela. Se somos senhores de nossas capacidades, por que nos comportarmos como servos?

A atenção foi me conduzindo ao espanto. Na realidade, quanto mais crescemos como pessoas, mais nos deixamos espantar pelo que acontece; ou seja, mais crianças somos. A meditação – e gosto disso – ajuda a recuperar a infância perdida. Se tudo que vivo e vejo não me surpreende, é porque, enquanto emerge – ou até antes disso –, eu o submeti a um preconceito ou esquema mental, impossibilitando, assim, que demonstre todo seu potencial diante de mim.

É muito estranho, certamente, que possa haver capacidade de espanto em uma atividade que repetimos diariamente ou até várias vezes ao dia. Por isso, é preciso treinar. Tudo é uma questão de percepção – isso é o que se descobre quando o treinamento é continuado e certeiro. Entendemos, por fim, que só podemos ser felizes quando percebemos o real. Vou dar um exemplo.

Ao terminar meu último retiro intensivo de meditação, um dia inteiro que dedico exclusivamente a essa atividade, uma vez por mês, fui caminhar pela montanha e, durante alguns instantes – talvez uma hora –, experimentei uma felicidade insólita e profunda. Tudo me parecia muito bonito, radiante, e tive a sensação, difícil de explicar, de que não era eu que estava naquela montanha, e sim que ela era eu. Entardecia, e o céu estava nublado, mas achei que assim, nublado, era perfeitamente maravilhoso. Devido às muitas sentadas que havia feito durante aquele dia, meu joelho direito doía um pouco; mas, estranhamente, essa dor não me incomodava. Eu quase diria que achava meio engraçado e que a aceitava sem resistir. Laska, meu cachorro, pulava entre as pedras e corria de um lado para o outro. Ao vê-lo, me veio à mente que meu cachorro vive intensamente cada segundo; depois de observá-lo muito, pois é um companheiro fiel, concluí que pelo menos nisso quero me parecer com ele. Arranjei um animal para avivar o animal que há em mim – agora entendo.

Minha sensação de felicidade efervescente durante aquela caminhada na montanha desapareceu inadvertidamente, mas, graças a ela, acho que agora tenho uma ideia mais acertada da felicidade à qual aspiro. Neste instante, por exemplo, estou escrevendo ao lado da lareira de minha casa. Laska está a meus pés, e ouço a chuva cair lá fora. Não imagino maior plenitude. Madeira para queimar, livros para ler, vinho para degustar e amigos com quem dividir tudo isso. Não é preciso muito mais para a verdadeira felicidade.

Alguns dias depois daquele retiro, voltei àquela montanha, mas, para mim, já não foi a mesma coisa. Na verdade, eu é que não era o mesmo. Não podemos buscar a felicidade passada, isso é absurdo. E, de tudo isso, o que concluí? Que a felicidade é, essencialmente, percepção. E que, se nos limitássemos a perceber, chegaríamos, por fim, ao que somos.

8

Quanto mais se medita, maior é a capacidade de percepção e mais fina é a sensibilidade, isso posso garantir. Deixamos de viver embotados, que é como costumam transcorrer nossos dias. O olhar fica limpo e começamos a ver a verdadeira cor das coisas. O ouvido se afina até limites insuspeitados, e começamos a escutar – e nisso não há nem um grama de poesia – o verdadeiro som do mundo. Tudo, até o mais prosaico, parece mais brilhante e simples. Caminhamos com mais leveza. Sorrimos com mais frequência. A atmosfera parece cheia de um não sei quê, imprescindível e palpitante. Parece bom? Excelente! Mas confesso que só senti isso durante alguns segundos, e só em poucas ocasiões.

Normalmente, estou à deriva: entre o que era antes de me iniciar na meditação e o que estou começando a ser agora. "À deriva" é a expressão mais exata: às vezes aqui, meditando, às vezes quem sabe onde, ali aonde minhas incontáveis distrações tenham me levado. Sou como um barco – mais um frágil barquinho que um sólido transatlântico. As ondas me jogam a seu capricho, mas, de tanto que fico olhando como elas vêm e vão, a verdade é que estou começando a me transformar nelas e a não saber que fim levou meu pobre barquinho. Até que, efetivamente, o encontro: "Sim, aí está", digo a mim mesmo, então. "À deriva." Cada vez que entro nesse barquinho, deixo de ser eu; cada vez que me jogo no mar, eu me encontro.

9

Um dos primeiros frutos de minha prática de meditação foi a intuição de que nada neste mundo permanece estável. Que tudo muda eu já sabia – é óbvio –, mas, ao meditar, comecei a experimentar essa mudança. Também nós mudamos, e isso por mais que nos empenhemos em nos ver como algo permanente ou duradouro. Essa essencial mutabilidade do ser humano e das coisas é – assim vejo agora – uma boa notícia.

O curioso é que essa descoberta chegou a mim por meio da quietude. Tudo aconteceu como exporei a seguir: ao meditar, constatei que, quando me detinha em algum pensamento, ele se desvanecia (algo que, certamente, não acontecia quando olhava para uma pessoa, cuja consistência independe de minha atenção). A meu entender, isso prova que os pensamentos são pouco confiáveis, ao passo que as pessoas, ao contrário, mesmo que seja só porque têm um corpo, o são em um grau bem maior. Decidi, então, que, dali em diante, não depositaria minha confiança em algo que se desvanecia com tanta facilidade. Decidi me deixar guiar pelo que permanece, posto que só isso é digno de minha confiança. Em que eu confio? Esta é, segundo pressinto, a grande pergunta.

Aceitar essa constante mutabilidade do mundo e de si mesmo não é tarefa fácil, principalmente porque torna inviável qualquer definição que seja fechada. Nós, seres humanos, costumamos nos definir por contraste ou por oposição, que é o mesmo que dizer que costumamos nos definir por separação e divisão. Pois é assim, dividindo, separando e opondo que justamente nos afastamos de nós mesmos. Definir uma pessoa e não aceitar sua radical mutabilidade é como colocar um animal em uma jaula. Um leão enjaulado não é um leão, e sim um leão enjaulado; e isso é muito diferente.

Aqui no presente – o que tento concretizar –, não posso condenar quem fui no passado pela simples razão de que aquele a quem agora julgo e reprovo é outra pessoa. Agimos sempre segundo a sabedoria que temos a cada momento, e se agimos mal foi porque, pelo menos nesse aspecto, havia ignorância. É absurdo condenar a ignorância passada com base na sabedoria presente.

10

Quanto mais virmos nossa radical mutabilidade e interdependência com o mundo e os outros – e isso até o ponto de poder dizer "eu sou você" ou "eu sou o Universo" –, mais nos aproximaremos de nossa identidade mais radical. Para se conhecer, portanto, não se deve dividir ou separar, e sim unir. Graças à meditação, fui descobrindo que não existem eu e o mundo, e que o mundo e eu somos uma mesma e única coisa. A consequência natural de tal achado – e creio que não é preciso ser um gênio para adivinhar – é a compaixão por todo ser vivente: não queremos fazer mal a nada nem a ninguém, porque percebemos que, em primeira instância, faríamos mal a nós mesmos. A árvore não pode ser cortada impunemente sem lhe pedirmos licença. A terra não pode ser tirada de um lugar para ser usada em outro sem pagar um preço. Tudo que fazemos aos outros seres e à natureza fazemos a nós mesmos. Por meio da meditação, o mistério da unidade me foi sendo revelado.

É evidente que não se chega a mergulhar no oceano da unidade sem chafurdar durante muito tempo nas poças da divisão. Água que não corre estanca, apodrece e cheira mal; isso todo mundo sabe. Mas toda vida que não flui também apodrece e cheira mal. Nossa vida só é digna desse nome quando flui, quando está em movimento. Seja por covardia ou por preguiça, porém, ou até mesmo por inércia – se bem que quase sempre é o medo que nos paralisa –, todos tendemos a ficar quietos, e pior, a nos encastelar. Encastelar-se não é só ficar quieto; é dificultar qualquer movimento futuro. Buscamos empregos que nos façam sentir seguros, casamentos que nos façam sentir seguros, ideias firmes e claras, partidos conservadores, ritos que nos devolvam uma impressão de continuidade... Buscamos casas protegidas, sistemas sanitários bem cobertos, investimentos de risco mínimo, coisas seguras... E é assim que o rio de nossa vida vai encontrando obstáculos em seu curso, até que um dia, sem aviso prévio, deixa de fluir. Vivemos, sim, mas muito frequentemente estamos mortos. Sobrevivemos a nós mesmos: existe a bio-logia, mas não a bio-grafia.

11

Graças às minhas sentadas de meditação, descobri que tudo, sem exceção, pode ser uma aventura. Escrever um livro, cultivar uma amizade, fazer uma viagem... é uma aventura. Mas também dar uma volta pode ser uma aventura, e ler um conto ou fazer o jantar. Na realidade, qualquer jornada, mesmo a mais cinza, é, para quem saiba vivê-la, uma aventura incomensurável. Arrumar a cama, lavar a louça, fazer compras, levar o cachorro para passear... tudo isso – e tantos outros afazeres comuns – são aventuras cotidianas, mas nem por isso menos excitantes e até perigosas. A meditação que pratico visa o caráter aventureiro – que é o mesmo que dizer insólito ou milagroso – do trivial.

O que realmente mata o homem é a rotina; o que o salva é a criatividade, ou seja, a capacidade de vislumbrar e resgatar a novidade. Olhando bem – e é nisso que a meditação nos educa –, tudo é sempre novo e diferente. Absolutamente nada é agora como há um instante. Participar dessa mudança contínua que chamamos de "vida", ser uno com ela, é a única promessa sensata de felicidade.

Por essa razão, para meditar não importa sentir-se bem ou mal, contente ou triste, esperançoso ou desiludido. Qualquer estado de ânimo que se tenha é o melhor possível nesse momento para meditar, e isso justamente porque é o que se tem. Graças à meditação, aprendemos a não querer ir a nenhum lugar diferente daquele em que estamos; queremos estar onde estamos, mas plenamente. Para explorá-lo. Para ver o que dá de si.

Para perceber que qualquer estado de ânimo é fugaz – mesmo aqueles que nos parecem mais verdadeiros e inquestionáveis –, basta verificar como tudo dentro de nós nasce e morre com facilidade impressionante. Meditar consiste justamente em assistir, como espectador, ao nascimento e à morte de tudo isso, no cenário de nossa consciência. Aonde vai aquilo que morre? – já me perguntei mil vezes. De onde vem o que nasce na mente? O que há entre a morte de algo e o nascimento de outra coisa? Esse é o espaço no qual sinto que devo morar; esse é o espaço do qual brota a sabedoria perene.

Por conta das vezes que vislumbrei um pouco desse espaço e que o habitei, mesmo que só durante alguns segundos, posso afirmar que a verdadeira felicidade é algo muito simples e que está ao alcance de todos, de qualquer um. Basta parar, calar, escutar e olhar; se bem que parar, calar, escutar e olhar – e isso é meditar – é tão difícil hoje que tivemos que inventar um método para algo tão elementar. Meditar não é difícil; o difícil é querer meditar.

12

Ser consciente consiste em contemplar os pensamentos. A consciência é a unidade consigo mesmo. Quando sou consciente, volto para minha casa; quando perco a consciência, afasto-me, quem sabe para onde. Todos os pensamentos e ideias nos afastam de nós mesmos. Você é o que resta quando seus pensamentos desaparecem. Claro que não acredito que seja possível viver sem nenhum tipo de pensamento. Porque os pensamentos – e isso não devemos esquecer – nunca conseguem se acalmar totalmente, por mais que se medite. Sempre sobrevêm, mas nosso apego a eles – e, com isso, sua frequência e intensidade – sossega.

Eu diria ainda mais: não devemos tomar consciência do que pensamos ou fazemos, mas simplesmente pensar ou fazer. Tomar consciência já implica uma brecha no que fazemos ou pensamos. O segredo é viver plenamente no que fazemos. Portanto, por mais estranho que pareça, exercitar a consciência é o método para viver tranquilamente sem ela: totalmente agora, totalmente aqui.

13

Apesar do que acabei de escrever, reconheço que passo boa parte de minhas sentadas sonhando acordado; também reconheço que sonhar, em geral, é bastante agradável para mim. Mas não me engano: isso não é meditação. Parece meditação, mas não é. Porque não se trata de sonhar acordado, e sim de estar acordado. Sonhar é fugir, e não é preciso estar sempre fugindo para viver. A dificuldade é que gostamos muito de nossos sonhos, que nos embebedamos com eles. Vivemos ébrios de ideias e ideais, confundindo vida e fantasia. Sob sua aparência prosaica, a vida, qualquer vida, é muito mais bonita e intensa que a melhor das fantasias. Minha companheira real, por exemplo, é muito mais bonita que a ideia maravilhosa que eu possa criar dela. Meu livro real é infinitamente melhor que qualquer outro imaginado, entre outras coisas, porque esse livro imaginado nem sequer existe. É difícil aceitar isso, mas não há nada tão pernicioso quanto um ideal, e nada tão libertador quanto uma realidade, seja qual for.

O bom da meditação é que, em virtude de meu exercício continuado, comecei a descartar de minha vida tudo de quimérico e a ficar exclusivamente com o concreto. Como arte que é, a meditação ama a concreção e refuta a abstração. Quem abandona a quimera dos sonhos entra na pátria da realidade. E a realidade está cheia de cheiros e texturas, de cores e sabores que são de verdade. Claro que a realidade pode ser torpe ou excessiva, mas nunca decepciona. Os sonhos, porém, decepcionam sim. Mais ainda: a natureza do sonho, sua essência, é justamente a decepção. O sonho sempre escapa: é evanescente, intocável. A realidade, pelo contrário, não foge; nós é que fugimos dela. Meditar é pular de cabeça na realidade e tomar um banho de ser.

O amor romântico, para exemplificar o que afirmo, costuma ser muito falso: ninguém vive mais enganado que um apaixonado, e poucos sofrem tanto quanto ele. O amor verdadeiro tem pouco a ver com a paixão, que hoje é o sonho por excelência, o único mito que resta no Ocidente. No amor verdadeiro, não se espera nada do outro; no romântico, sim. E mais: o amor romântico é, essencialmente, a esperança de que nosso companheiro nos dê a felicidade. Sobrecarregamos o outro com nossas expectativas quando nos apaixonamos. E tais são as expectativas que descarregamos sobre o ser amado que já não resta praticamente nada dele ou dela no fim. E, então, o outro é simplesmente um pretexto, uma tela de nossas expectativas. Por isso, costumamos passar tão depressa da paixão ao ódio ou à indiferença: porque ninguém pode atender a expectativas tão monstruosas.

A exaltação do amor romântico em nossa sociedade já causou, e continua causando, insondáveis poços de infelicidade. A atual mistificação do companheiro é uma perniciosa estupidez. Claro que acredito na possibilidade do amor romântico, mas tenho certeza de que requer uma extraordinária e rara maturidade. Ninguém jamais pode dar essa segurança radical que buscamos; não pode nem deve dá-la. O ser amado não está aí para que não nos percamos, e sim para que nos percamos juntos; para viver em companhia a libertadora aventura da perdição.

14

Como quase todo mundo, eu também ando sempre perseguindo o que me agrada e repudiando o que me repele. Estou meio farto de viver assim: atraído ou repelido, correndo atrás de algo ou, ao contrário, afastando-me disso o máximo possível. Uma existência que passa tomando e repudiando acaba sendo extenuante, e eu me pergunto se não seria possível viver sem impor à vida nossas preferências ou aversões. E é justamente isso que a meditação propõe: não impor à realidade minhas próprias afeições ou fobias; permitir que essa realidade se expresse e que eu possa contemplá-la sem as lentes de minhas aversões ou afinidades. Trata-se de manter o receptáculo que sou o mais limpo possível, de modo que a água que nele seja vertida possa se distinguir em toda sua pureza. Seria maravilhoso ver algo sem pretensões, gratuitamente, sem o prisma do "para mim". É possível, há quem o tenha feito. Por que não eu?

Em vez de ser uno com o mundo, o que queremos é que o mundo ceda a nossos apetites. Passamos a vida manipulando coisas e pessoas para que nos satisfaçam. Essa constante violência, essa busca insaciável que não se detém nem mesmo diante do mal alheio, essa avidez compulsiva e estrutural é o que nos destrói. Não manipular, limitar-se a ser o que se vê, ouve ou toca: aí se encontra a felicidade da meditação – ou a felicidade simplesmente; para que qualificá-la?

Gosto ou não gosto: é assim que costumamos dividir o mundo, exatamente como faria uma criança. Essa classificação não é só egocêntrica, como também radicalmente empobrecedora e definitivamente injusta. Por mais difundido que esteja o viver perseguindo o que nos agrada e repudiando o que nos desagrada, esse estilo de vida a torna extenuante. Aquilo de que não gostamos tem direito de existir; o que nos desagrada pode inclusive nos servir e, nesse sentido, não parece inteligente fugir dele. Sob uma aparência desagradável, aquilo que nos desagrada tem uma essência necessária. Por meio da meditação, pretende-se entrar nessa essência e, no mínimo, molhar os lábios com seu néctar.

15

Tudo pode servir para construir ou para destruir e, nesse sentido, qualquer coisa é digna de meditação. Em virtude de minha fé na força curativa do silêncio, no início achava que quase tudo que não funcionava em mim eu poderia consertar, mais cedo ou mais tarde, com as sentadas. Pouco a pouco, fui percebendo que as sentadas apontavam para o que não são sentadas, e que, por isso, qualquer coisa que eu escutasse, observasse ou fizesse servia para qualificar minha meditação e deixar o meu caráter mais robusto. Caminhar atento, por exemplo, ou escovar os dentes atento: perceber o fluir da água, seu refrescante contato com as mãos, o modo como fecho a torneira, o tecido da toalha... Cada sensação, por mais mínima que pareça, é digna de ser explorada. A iluminação (isto é, essa luz que ocasionalmente se acende dentro de nós, ajudando-nos a compreender a vida) se esconde nos menores feitos e pode advir a qualquer momento e por qualquer circunstância. Viver bem implica estar sempre em contato consigo mesmo – algo que só cansa quando se pensa intelectualmente e que, em contrapartida, descansa e até renova quando se realiza de fato.

Um escritor – e dou exemplos que me são afins – não é escritor só quando cria sua obra, e sim sempre. Um buscador, um explorador dos abismos do interior, não o é só quando se senta para meditar, e sim sempre. A qualidade da meditação se verifica na vida em si – essa é a mesa de testes. Por isso, nenhuma meditação deveria ser julgada pelo modo como nos sentimos nela, e sim pelos frutos que dá. Mais ainda: meditação e vida devem tender a ser a mesma coisa. Medito para que minha vida seja meditação; vivo para que minha meditação seja vida. Não aspiro a contemplar, e sim a ser contemplativo, que é ser sem ansiar.

16

A meditação possibilita esses vislumbres do real, fugazes mas inquestionáveis, que ocasionalmente conseguimos: momentos em que captamos quem somos na realidade e para que estamos neste mundo. Captamos isso em poucas ocasiões em uma intuição inapreensível, não verbal. De repente, faz-se evidente que somos assim e, embora não possamos argumentar contra isso, buscamos que essa intuição se repita para voltar a esse ser primordial que verdadeiramente somos e que, pelas circunstâncias, pelos ruídos, ficou embaçado ou até mesmo esquecido. O que aconteceu para que tenhamos nos perdido tanto? – eu me pergunto. O aconteceu para que já não nos reconheçamos no mais genuinamente humano? Como é que desconheço o que deveria ser familiar para mim? Perguntas e perguntas sobre o paraíso perdido. Pois bem, a resposta a elas está no lugar onde nascem. Enquanto o homem tiver perguntas a fazer, ainda terá salvação.

Para alcançar esses vislumbres do real, não vale a pena nos esforçarmos; em vez de ajudar a encontrar o que se busca, o esforço tende a dificultá-lo. Não convém resistir, e sim entregar-se. Não se empenhar, e sim viver no abandono. Tanto a arte quanto a meditação nascem sempre da entrega, nunca do esforço. E o mesmo acontece com o amor. O esforço põe em funcionamento a vontade e a razão; a entrega, porém, deve-se à liberdade e à intuição. Claro que poderíamos nos perguntar como é possível entregar-nos sem esforço. Os chineses têm um conceito para isso: *wu wei*, fazer não fazendo. *Wu wei* consiste em você colocar-se à disposição para que algo possa ser feito por sua mediação, mas não o fazendo diretamente, forçando o início, o desenvolvimento ou a finalização. A única coisa necessária para essa entrega é estar ali para, assim, captar o que apareça, seja o que for. A meditação é algo como uma rigorosa capacitação para a entrega.

De modo que não é preciso inventar nada, e sim receber o que a vida inventou para nós; e depois, aí sim, dá-lo aos outros. Os grandes mestres são – e aqui não há exceções – grandes receptores.

17

Gosto muito de fazer uma pequena inclinação diante da almofada ou do banquinho sobre o qual vou me sentar para meditar, bem como diante do pequeno altar que preside meu oratório ou sala de meditação. Gosto desse gesto porque com ele expresso meu respeito pelo espaço onde, acima de qualquer outro, trabalho em minha aventura interior. O respeito é, para mim, o primeiro sinal de amor. Mediante as frequentes *gassho*, ou pequenas reverências, típicas da prática budista, o zen educa no respeito à realidade. E a realidade não seria respeitada se, em última análise, não fosse considerada misteriosa. A meditação ajuda a compreender que tudo é um mistério e que, por isso, tudo é passível de originar uma atitude genuinamente religiosa. Para o homem que medita – hoje vejo assim –, não há distinção entre sagrado e profano.

Todas as prostrações características do zen-budismo podem, sem dúvida, conduzir à repetição mecânica, ou seja, a esvaziar o gesto de seu conteúdo, reduzindo-o à pura forma. Essa degeneração é o que conhecemos como rotina. Mas todas essas prostrações podem conduzir, também, à grande pergunta de quem se prostra: diante de que ou de quem me prostro de verdade em minha vida? Ou, em outras palavras: o que ou quem é verdadeiramente meu Deus, e quais são meus ídolos?

Durante a meditação, posso me inclinar em sinal de reverência diante do banquinho ou da almofada, mas, em minha vida normal, não é raro que o faça diante de meu prestígio profissional, do qual cuido como a mais delicada das plantas; ou diante da conta bancária, cujos movimentos controlo com reveladora frequência; ou diante do bem-estar característico de uma vida acomodada, pelo qual não meço gastos. Entusiasmado com minhas prostrações ritualísticas e ignorante de como as prostrações existenciais são as que realmente valem, descobri na meditação como é limitada e tosca essa maneira de se conduzir. Chafurdei muito nesse lodo – admito –, e o que devia fazer? Não me julgar, sem dúvida; e muito menos me recriminar. Não é necessário julgar, basta observar. A simples observação já é eficaz para a mudança. Na verdade, a capacidade de observação, o que Simone Weil chama de atenção, é a mãe de todas as virtudes.

18

Ganharíamos muito se, em vez de julgar as coisas, as enfrentássemos. Nossas elucubrações mentais não só nos fazem perder um tempo muito precioso, como também nos fazem perder a oportunidade de nos transformar por causa delas. Porque há coisas que se não são feitas em determinado instante, não podem mais ser feitas – pelo menos não como deveriam.

Pessoalmente, tenho certeza de que mais de 80% de nossa atividade mental – e é provável que eu tenha errado para menos nessa proporção – é totalmente irrelevante e prescindível, e mais ainda, contraproducente. É muito mais saudável pensar menos e confiar mais na intuição, no primeiro impulso. Quando refletimos, costumamos complicar as coisas, que normalmente surgem nítidas e claras em um primeiro momento. Quase nenhuma reflexão move à ação; a maioria conduz à paralisia. E mais: refletimos para nos paralisar, para encontrar um motivo que justifique nossa inação. Pensamos muito na vida, mas a vivemos pouco. Esse é meu triste balanço.

Nada disso significa que pensar seja ruim; é bom, mas só em sua justa medida. Pensar é como dormir ou comer: não deve ser feito em excesso, sob pena de nos embrutecer. Assim como nos sentamos à mesa para comer, e não comemos de qualquer jeito e a toda hora, talvez também devêssemos nos sentar para pensar, e não pensar quando conviesse ao pensamento ou quando desse na telha. O pensamento, como qualquer atividade humana, deve ser precedido por um ato da vontade. Isso é o que o torna humano. Quanto mais se pensa, mais se deve meditar: essa é a regra.

Por quê? Porque quanto mais enchemos a cabeça de palavras, maior é a necessidade de esvaziá-la para deixá-la limpa de novo.

19

Tudo isso é muito difícil de compartilhar e, possivelmente, de entender, porque, no Ocidente, vivemos em um mundo intelectualizado demais. Para enfrentar esse intelectualismo generalizado e exacerbado é preciso despertar o mestre interior que cada um de nós tem dentro de si e deixá-lo falar. Digo isso porque, no fundo, somos todos muito mais sábios do que julgamos, e porque, no fundo, todos sabemos bem o que se espera de nós e o que devemos fazer. O mestre interior não diz nada que não saibamos; ele nos recorda o que já sabemos, coloca-nos diante da evidência para que possamos sorrir. Para dizer a verdade, todos os mestres do mundo são desnecessários: cada pessoa já é um cosmo inteiro de conhecimento e sabedoria.

Esse sorriso que acabei de apontar, indulgente e benévolo, é infinitamente mais eficaz para a própria transformação que qualquer censura ou reprimenda. A criança cuja travessura é repetidamente descoberta acaba deixando de cometê-la. Derrotamos os maus hábitos na meditação por pura observação e mediante um amável sorriso. Olhar e sorrir: essa é a chave para a transformação.

Sorrir para o sofrimento pode parecer excessivo. Mas a verdade é que a tristeza e a desgraça também estão aí para nosso crescimento. O mal deve ser aceito, o que significa ser capaz de ver seu lado bom e agradecer por ele. Sabemos que aceitamos um sofrimento quando extraímos algum bem dele e, consequentemente, agradecemos por tê-lo padecido. Não estou dizendo que sorrir diante da adversidade é a coisa mais espontânea; mas é, sem dúvida, a mais inteligente e sensata. E direi por quê. Reagir à dor com aversão é a maneira de transformá-la em sofrimento. Sorrir diante dela, porém, é a forma de neutralizar seu veneno. Ninguém vai discutir que a dor é desagradável, mas aceitar o desagradável e entregar-se a ele sem resistência é o jeito para que seja menos desagradável. O que nos faz sofrer são nossas resistências à realidade.

20

A cada instante tenho um dilema para resolver: ou estou aqui, onde de fato estou, ou vou para outro lugar. Estou o tempo todo desejando ficar comigo ou partir e me afastar de mim. Como faço meditação, escolho mais vezes permanecer em casa, não fugir. Perder a consciência e viajar quem sabe para onde teria que ser muito mais cansativo que me manter alerta; mas para mim não é assim ainda: a atenção me parece um trabalho, mas a distração, um descanso. Todas essas resistências de minha parte são absurdas e têm uma causa muito clara: a estúpida crença de que, perdendo meus fantasmas, acabarei me perdendo. Mas meus fantasmas não são eu; eles são justamente o menos "eu mesmo" que há em mim.

Essa descoberta exigiu anos de prática de meditação. Mas hoje sei, e digo com tanto orgulho quanto humildade, que se conectar com a própria dor e a dor do mundo é a única forma – demonstrável – de derrubar o principal dos ídolos, que não é outro além do bem-estar. Para alcançar tal conexão com a dor é preciso fazer exatamente o contrário do que nos ensinaram: não correr, e sim parar; não se esforçar, e sim abandonar-se; não propor metas, e sim simplesmente estar aí.

Depois de tudo que foi dito, cabe afirmar que a dor é nosso principal mestre. A lição da realidade – que é a única digna de ser escutada – não se aprende sem dor. Para mim, a meditação não tem nada a ver com um hipotético estado de placidez, como tantos a entendem. Trata-se mais de se deixar trabalhar pela dor, de lidar pacificamente com ela. A meditação é, por isso, a arte da rendição. No combate que toda sentada implica, vence quem se rende à realidade. Se, no mundo, aprendemos a nos fechar para a dor, a meditação ensina a nos abrir para ela. A meditação é uma escola de abertura para a realidade.

Pelo que acabei de escrever, não é de se estranhar que a meditação silenciosa e em quietude tenha sido acusada de masoquismo sofisticado. É que se chega a um ponto em que desejamos sentar diariamente com nossa própria porção de dor: frequentá-la, conhecê-la, domesticá-la... Sem deixar de ser o que é, a dor vai mudando de significado conforme a frequentamos. E é assim que se aprende a estar consigo mesmo.

21

É curioso constatar como aquilo que deveria ser o mais elementar é, para muitos de nós, de fato, tão oneroso. O que urge aprender é que não somos deuses, que não podemos – nem devemos – submeter a vida aos nossos caprichos; que não é o mundo que deve se ajustar a nossos desejos, e sim nossos desejos às possibilidades que o mundo oferece. Por tudo isso, a meditação é uma escola de iniciação à vida adulta: um despertar para o que somos.

Como seres humanos, somos caracterizados por um desmedido afã de possuir coisas, ideias, pessoas… Somos insaciáveis! Quanto menos somos, mais queremos ter. A meditação ensina, porém, que, quando não se tem nada, dá-se mais oportunidades ao ser. É no nada que o ser brilha em todo seu esplendor. Por isso, convém parar de uma vez por todas de desejar coisas e acumulá-las; convém começar a abrir os presentes que a vida nos dá para, a seguir, simplesmente desfrutar deles. A meditação apazigua a máquina do desejo e estimula a curtir o que se tem. Porque tudo, qualquer coisa, está aí para nosso crescimento e deleite. Quanto mais desejarmos e acumularmos, mais nos afastaremos da fonte da felicidade. "Pare! Olhe!": é isso que escuto na meditação. E se obedeço a esses imperativos e de fato paro e olho, ah… então surge o milagre.

Quase nunca percebemos que o problema que nos preocupa não costuma ser nosso problema real. Por trás do problema aparente está sempre o problema verdadeiro, palpitante, intacto. As soluções que damos aos problemas aparentes são sempre completamente inúteis, posto que são também aparentes. É assim que passamos de falsos problemas a falsos problemas, e de falsas soluções a falsas soluções. Destruímos a ponta do *iceberg* e achamos que nos livramos dele inteiro. Quer conhecer seu *iceberg*? – essa é a pergunta mais interessante. Não é difícil: basta parar de se debater nas ondas e mergulhar. Basta pegar ar e enfiar a cabeça embaixo d'água. E, uma vez aí, basta abrir os olhos e olhar.

Por maior que seja nosso *iceberg* – qualquer *iceberg* –, é só água. Basta uma fonte de calor suficientemente forte para que vá se desfazendo. O gelo sempre se desfaz no calor. Demorará muito se o *iceberg* for volumoso, mas se desfará se mantivermos ativa e próxima essa fonte de calor. A única coisa necessária é certa curiosidade de conhecer o próprio *iceberg*. Quanto mais observamos a nós mesmos, mais desmorona aquilo que julgamos ser e menos sabemos quem somos. É preciso manter-se nessa ignorância, suportá-la, tornar-se amigo dela, aceitar que se está perdido e que se andou vagando sem rumo. É possível que tenhamos perdido tempo, e vida até, mas essas perdas nos conduziram até onde estamos agora, prestes a nos sentar para meditar. Fazer meditação é se colocar justamente nesse exato momento: você tem sido um andarilho, mas pode se tornar um peregrino. Quer?

22

Despertar é descobrir que estamos em uma prisão. Mas despertar é também descobrir que essa prisão não tem grades e que, a rigor, não é propriamente uma prisão. Por que passei a vida trancado em uma prisão que não é uma prisão? – começamos então a perguntar. E vamos até a porta. E saímos. Fazer meditação é esse momento em que saímos. É descobrir que a porta nunca esteve trancada por fora, que foi você quem a trancou com duas voltas de chave. Essa porta não existe, você a inventou. "A porta sem porta" é uma expressão tipicamente zen que me faz pensar que boa parte do que vivemos é puramente ilusória: o amor sem amor, a amizade sem amizade, a arte sem arte, a religião sem religião...

De modo que pare de olhar para essa porta que você criou, levante-se e abra-a. Melhor ainda: levante-se e perceba que nunca houve porta alguma aí. Em boa medida, podemos fazer o que queremos, e se não o fazemos, é justamente porque não entendemos ou não queremos entender algo tão elementar.

Convém estudar bem devagar o material de que são feitas as grades com que construímos nossas prisões. E estudar também o processo pelo qual essas grades são construídas. É assim, por meio desse estudo, que se possibilita essa centelha ou intuição graças à qual nos libertamos. Para viver na realidade, temos que demolir os sonhos que nos aprisionaram. Em geral, nossos sonhos não são verdadeiramente nossos: nós os tomamos emprestados, ou os fabricamos com um material pouco confiável. Quer investiguemos ou não nossa vida, quase todos os sonhos acabarão desmoronando justamente porque não são nossos.

23

Na realidade, não há nenhum problema, em absoluto. Não temos – e muito menos somos – um problema. Gostamos dos problemas porque nos dão a impressão de que, graças a eles, poderemos ser. O verdadeiro problema são nossos falsos problemas. Podemos ser felizes; no fundo, não podemos não o ser. Acreditávamos que nossos problemas éramos nós, por isso é tão difícil abandoná-los. Tememos nos perder, mas devemos nos perder. Quando não nos agarramos a nada, voamos.

Todo problema não é, no fim das contas, mais que uma ideia que eu tenho sobre determinadas situações. A situação – seja qual for – não é o problema; o problema é minha ideia sobre a situação. Quando abandono a ideia, o problema desaparece. Basta não ter ideias sobre as coisas ou situações para viver completamente feliz. A fórmula é aceitar as coisas como são, não como gostaríamos que fossem. Não devemos nadar contra a corrente da vida, e sim a favor. Nem sequer devemos nadar. Basta abrir os braços e se deixar levar. Qualquer margem à qual essa corrente o leve é boa para você: isso é fé. Você é seu principal obstáculo. Pare imediatamente de se obstaculizar. Saia de seu caminho o máximo possível e simplesmente comece a descobrir o mundo.

24

Se, por um momento, considerássemos que todas as dificuldades que nos cabe atravessar nesta etapa de nossa vida são oportunidades que o destino – esse amigo – nos oferece para crescer, não veríamos tudo de outro jeito? Aquele colega que falou mal de você, por exemplo; ou aquele trabalho pendente que devia estar pronto havia meses; ou aquela consulta médica que você adia repetidamente... Não seria estranho se você se identificasse com algum desses exemplos: nós, seres humanos, somos parecidos; todos sofremos pela mesma coisa. Pois tudo isso, que se revela como um problema em primeira instância, começa a ser visto como uma oportunidade à luz da meditação. Chegou a hora de pôr aquele colega maledicente no lugar dele; aquela tarefa pendente é muito mais fácil do que você imagina; o médico descobriu outra doença que agora você pode cuidar... Em poucas palavras, os grandes entraves da vida são o que mais nos fazem crescer. Deveríamos ser gratos por ter tantos conflitos!

Podemos interpretar o que a vida nos oferece como obstáculos, porém é mais razoável, mais saudável, interpretar como oportunidades para avançar. Quando damos as boas-vindas ao sofrimento, ele desvanece, perde seu veneno e se transforma em algo muito mais puro, mais inócuo e, ao mesmo tempo, mais intenso. É sempre mais inteligente enfrentar diretamente um problema ou um perigo que se esconder ou fugir dele. Quando surge algo em nossa vida, seja o que for, o melhor é encará-lo o quanto antes, para saber com quem ou com que temos que lidar.

Sempre pensamos que o problema está fora: a culpa é de meu chefe, de meu companheiro, da situação econômica do país... Atribuímos nossa falta de fé à mediocridade dos representantes religiosos; o mal funcionamento de nosso bairro ou de nossa cidade ao egoísmo e charlatanismo dos políticos; o fracasso de nosso casamento a uma terceira pessoa que se interpôs em nosso caminho... É incrível a habilidade que temos de culpar nosso emprego por nossa falta de criatividade, nossos pais por um mau traço de caráter, nossos filhos por nossa renúncia a toda aspiração pessoal. A meditação pega esse dedo que aponta para os outros e o vira até apontá-lo para nós. Esse dedo acusador é incômodo, temos que reconhecer. Mas a verdade é que tudo, absolutamente tudo, depende enormemente de nós. Por isso, a meditação sobre a que aqui escrevo, à medida que se aprofunda, exige cada vez mais maturidade, ou seja, capacidade de assumir as próprias responsabilidades. Iniciar-se na meditação implica já ter chegado a um ponto no qual já não nos permitimos apontar para as circunstâncias ou culpar os outros. Quando estiver nesse ponto, você compreenderá que se sentar para meditar é o caminho mais direto para o autoconhecimento.

25

É maravilhoso constatar como conseguimos grandes mudanças na quietude mais absoluta. Porque não é só o silêncio que é curativo; a quietude também. Antes de mais nada, devo dizer que o silêncio em quietude é muito diferente do silêncio em movimento. Está provado cientificamente que os olhos que não se movem propiciam ao sujeito uma concentração maior em comparação aos olhos em movimento. Quando nos movimentamos, é muito fácil, quase inevitável, estar fora de nós. A quietude, em contrapartida, convida à interiorização. É preciso passar pela quietude para se adestrar no domínio de si, sem o qual não se pode falar de verdadeira liberdade.

Essa tarefa é tão árdua devido à exaltada e desproporcional imagem que costumamos ter de nós mesmos. A imaturidade ou infantilismo de alguns adultos não é mais que perda do senso de proporção. Na meditação, colocamos cada coisa em seu lugar e descobrimos qual é o nosso: um lugar que certamente desdenhamos e consideramos desprezível antes da prática do silêncio em quietude; mas um lugar também que, uma vez visitado, não queremos mais abandonar.

Essa vulnerabilidade que nos caracteriza como humanos, e que tanto me esforcei para esconder do mundo antes de começar a meditar, comecei a mostrar discretamente desde que descobri o poder da meditação. Essa pudica exposição de minhas fraquezas revelou-se um modo muito eficaz de enfrentar o culto à própria imagem no qual eu vivia até então. Falar da própria vulnerabilidade, mostrá-la, é a única forma que permite que os outros nos conheçam de verdade e, consequentemente, que possam nos amar.

De um jeito ou de outro, ao meditar, trabalhamos com o material de nossa própria vulnerabilidade. E sempre temos a impressão de estar começando do zero: nossa própria casa parece nunca se construir; parece que estamos permanentemente reforçando o alicerce. Na meditação não há, pelo menos aparentemente, um deslocamento significativo de um lugar a outro; há mais uma espécie de instalação em um não lugar. Esse não lugar é o agora, o instante é a instância.

26

A poderosa atração que a sexualidade exerce nos humanos se encontra, justamente, no poder do agora. Os amantes mais consumados estão um no outro nesse eterno presente em que corpos e almas se entregam. A experiência erótica pode ser tão intensa que não permite fugas ao passado nem ao futuro: esse é seu encanto, seu atrativo. Como também esse é o encanto da verdadeira meditação e de qualquer atividade que se realize de uma maneira totalmente entregue.

Quando nos entregamos completamente ao que fazemos, nada é difícil e tudo parece leve. O ônus deixa de ser sentido quando a entrega sucumbe. Qualquer atividade realizada com concentração é fonte de uma felicidade indescritível. A criação artística, por exemplo, é boa se produz alegria. Nesse sentido, não é verdade que é preciso esforçar-se ou disciplinar-se para escrever um livro. O livro se escreve sozinho, o quadro se pinta sozinho, e o escritor ou o pintor estão ali, diante da tela ou do caderno em branco, enquanto isso acontece. A virtude do escritor está unicamente no fato de estar ali quando o livro se escreve – só isso.

27

Depois de muito pensar, concluí que o que mais gosto na meditação é de que é um espaço – um tempo – não dramático. Quem não medita geralmente gosta de viver com emoções; mas quem medita, por outro lado, prefere sem elas. Ao meditar, descobrimos que não é preciso acrescentar nada à vida para que seja vida e, mais ainda, que tudo que acrescentamos a desvitaliza.

Infelizmente, é comum que todos nós estejamos apaixonados demais pelo drama. Quando nos percebemos como seres não dramáticos, cansamo-nos de nós mesmos! Nós inventamos os problemas e as dificuldades para temperar nossa biografia, que, sem esses entraves, nos parece simples e cinzenta. Descobrir que não podemos realizar determinada tarefa, por exemplo, não precisa ser um problema; pode ser uma libertação. A convalescença que uma doença implica pode muito bem ser vivida como uma merecida temporada de férias. O fim de um casamento pode ser o primeiro passo para um relacionamento melhor. Resumindo: a amargura ou doçura de que nos orgulhamos não depende da realidade – o casamento, a tarefa ou a doença –, e sim de nós, só de nós. Graças à meditação, descobri que nenhuma carga é minha se eu não a jogar sobre meus ombros.

28

Algumas pessoas não conseguem realizar nada do que acabei de expor nem mesmo quando se propõem a isso. Outras, porém, conseguem com extrema facilidade. Na meditação, não há facilidade ou dificuldade objetivas; tudo depende das resistências de cada um. Meditar é, fundamentalmente, sentar-se em silêncio, e sentar-se em silêncio é, fundamentalmente, observar os movimentos da própria mente. Observar a mente é o caminho. Por quê? Porque enquanto se observa, a mente não pensa. De modo que fortalecer o observador é a maneira de acabar com a tirania da mente, que é a que determina a distância entre o mundo e eu.

Além de observar a mente, há outro caminho: tornar-se uno com a respiração em primeiro lugar e, depois, tornar-se uno com o chamado *koan*. *Koan* é uma espécie de enigma com o qual os monges budistas trabalham durante a meditação, não a fim de resolvê-lo, e sim de dissolver-se nele. Gosto de dizer que um *koan* é algo como uma luz no caminho, um marco graças ao qual sabemos onde estamos e aonde nos dirigimos. A questão é que, seja pelo caminho do esvaziamento ao qual a pura observação conduz, seja pelo do estreitamento ao qual leva o trabalho com o *koan*, vamos chegando à união com nosso próprio ser ou, em outras palavras, ao noivado com nós mesmos.

Sentando-me e observando-me possibilitei essas centelhas, ou intuições, que me fizeram ver quem sou muito mais do que a reflexão sobre minha personalidade pela batida via da análise. Quando me sento e me observo, normalmente, não passa muito tempo até que me descubro em outro lugar: fugi de mim e tenho que voltar. Por fim, torno a me descobrir fora, em geral, fantasiando – sou muito fantasioso – ou elucubrando – sou bastante especulativo também. Ou preocupado com algo que me espreita no futuro – como acontece com quase todos os seres humanos, algumas coisas me angustiam. Eu medito exatamente como vivo: com medos, com imagens, com conceitos... Há quem medite e veja especialmente seu passado: os nostálgicos. Ou quem medite e, mais que tudo, veja seu companheiro: os apaixonados. Ou quem seja vítima de um monte de estímulos desordenados: os dispersos. Ninguém se senta para meditar com o que não é.

Mas não basta sentar-se em silêncio; é preciso observar o que acontece por dentro: essas são as regras do jogo. Quanto mais observamos, mais aceitamos: é uma lei matemática, mas se familiarizar com ela pode custar mais ou menos. Ao sentar em silêncio, obtemos um espelho da própria vida e, ao mesmo tempo, um modo para melhorá-la. A observação, a contemplação, é efetiva. Olhar algo não o muda, mas muda a nós. A mudança é, portanto, o melhor indicador da vitalidade de uma vida. Mas a mudança, e isso é fundamental, pode ser vivida de uma forma não dramática.

29

É comum que prolonguemos e engrandeçamos nossos sentimentos para sentir que estamos vivos, que acontecem coisas e que nossa vida é digna de ser contada. Sem dúvida, a vida é sempre uma interpelação e todos somos tocados por ela; mas quantas de nossas reações são verdadeiras respostas à interpelação da vida, e quantas, porém, são simples decisões mentais que tomaram a interpelação como pretexto, mas que a deixaram, definitivamente, para trás? Em minha opinião, nós inventamos nossos estados de ânimo em grande medida. Somos responsáveis por nosso estar bem ou mal. Esses prolongamentos artificiais das emoções podem ser controlados, e até abortados, graças à meditação, cujo propósito real, como eu o entendo, é ensinar a viver a vida real, não a fictícia.

As emoções? Não são mais que a combinação de determinadas sensações corporais com determinados pensamentos. O estado anímico? Uma emoção mais ou menos prolongada. As emoções e os estados anímicos têm seu próprio funcionamento, mas, quando nos propomos a meditar, somos infinitamente mais poderosos que eles. Podemos não alimentar uma emoção; podemos enfrentar um estado de ânimo. Podemos criar o estado de ânimo que desejarmos. Podemos escolher que papel representar no espetáculo, ou, inclusive, não representar nenhum e assistir a ele como espectadores. O espetáculo pode continuar e nós irmos embora, ou terminar e nós ficarmos. O potencial de nossa soberania é impressionante.

30

Sob esta perspectiva, eu poderia definir a meditação como o método espiritual (e quando digo "espiritual", me refiro à busca interior) para desmascarar as falsas ilusões. Desperdiçamos boa parte de nossa energia em expectativas ilusórias: fantasmas que desaparecem assim que os tocamos. O ilusório é sempre fruto da mente, que gosta de distrair o homem com enganos, levá-lo a um campo de batalha onde não há guerreiros, só fumaça, e aturdi-lo até deixá-lo sem capacidade de reação.

Quem se dedica à literatura sabe muito bem que o que brota da mente está morto, e que vivo está o que brota de um fundo misterioso que, à falta de um nome melhor, chamarei de "eu verdadeiro". Esse fundo

misterioso – o eu verdadeiro, não o pequeno eu – é o espaço que se tenta frequentar
durante a meditação. Esse fundo misterioso é como um cenário vazio. Exatamente
porque está vazio é que as coisas que en-
tram nele podem ser distinguidas. Meditar
é tirar, desse cenário, as marionetes que se
descobrem ilusórias para poder distinguir o
que acaso irrompa ali. Entre tantas marionetes ilusórias, normalmente não distingui-
mos o que é real. Por isso, a tarefa de quem
se senta para meditar é, fundamentalmente, a limpeza interior. O cenário vazio nos
assusta; dá a impressão de que ficaremos
entediados nessa desolação. Mas esse vazio é nossa identidade mais radical, pois
não é nada mais que pura capacidade de
acolhimento.

31

Cheguei a essas convicções mediante a única pergunta necessária: quem sou eu? Ao tentar responder, percebi que qualquer atributo que pusesse a esse "eu sou", qualquer um, passava a ser, olhando bem, escandalosamente falso. Porque eu poderia dizer, por exemplo, "sou Pablo d'Ors", mas a verdade é que eu também seria quem sou se substituísse meu nome por outro. Da mesma maneira, poderia dizer "sou escritor", mas isso significaria que eu não seria quem de fato sou se não escrevesse? Ou, "sou cristão", e deixaria de ser eu mesmo se renegasse minha fé? Qualquer atributo que se ponha ao eu, até mesmo o mais sublime, é radicalmente insuficiente. A melhor definição de mim à qual cheguei até agora é "eu sou". Simplesmente. Fazer meditação é recrear-se e relaxar nesse "eu sou".

Esse relaxamento ou recreação, quando segue as vias oportunas, produz o melhor propósito possível: alivia o sofrimento do mundo. Sentamo-nos para meditar com nossas misérias e, graças a um processo de expiação interna, chegamos a esse "eu sou". E sentamo-nos com o "eu sou" para alimentar a compaixão. Mas não é simples chegar a esse ponto, visto que nunca acabamos de nos purificar.

Todo mundo parece sedento de alguma coisa, e quase todos correm daqui para lá buscando encontrá-la e saciar-se com ela. Na meditação, reconhecemos que somos sede, não só que temos sede; e procuramos acabar com essas loucas correrias, ou pelo menos diminuir o passo. A água está na sede. É preciso entrar no próprio poço. Esse aprofundamento não tem nada a ver com a técnica psicanalítica da recordação, nem com a chamada composição de lugar, um método tão querido pela tradição inaciana. O que é, então?

32

Entrar no próprio poço significa viver um longo processo de decepção, e isso porque tudo, sem exceção, uma vez conseguido, acaba nos decepcionando, de um jeito ou de outro. A obra de arte que criamos nos decepciona, por mais intenso que tenha sido o processo de criação ou por mais maravilhoso que seja o resultado final. A mulher ou o homem com quem nos casamos nos decepciona, porque, no fim, não é como achávamos que era. A casa que construímos, as férias que planejamos, o filho que tivemos e que não se encaixa no que esperávamos dele, tudo isso nos decepciona. Enfim, a comunidade em que vivemos, o Deus em quem acreditamos, que não atende a nossos pedidos, e até nós mesmos, que tão promissores éramos na juventude e que, olhando bem, tão pouco conseguimos realizar, tudo isso nos decepciona. Tudo isso e tantas outras coisas nos decepcionam porque não se ajustam à ideia que havíamos formado em nossa cabeça. O problema, portanto, está nessa ideia que formamos. Consequentemente, o que decepciona são as ideias. A descoberta da desilusão é nosso principal mestre. Tudo que me desilude é meu amigo.

Quando você deixa de esperar que seu companheiro se encaixe no padrão ou na ideia que fez dele, deixa de sofrer por causa disso. Quando deixa de esperar que a obra que está realizando se encaixe no padrão ou na ideia que fez dela, deixa de sofrer por esse motivo. A vida nos escapa no esforço por encaixá-la em nossas ideias e apetites. E isso acontece, inclusive, depois de uma prolongada prática de meditação.

Não se deve dar falsas esperanças a ninguém; é contraproducente. É preciso entrar na raiz da desilusão, que não é nada além da perniciosa fabricação de uma ilusão. A melhor ajuda que podemos prestar a alguém é acompanhá-lo no processo de desilusão que todo mundo sofre de uma maneira ou de outra e quase constantemente. Ajudar alguém é fazê-lo ver que seus esforços estão certamente desencaminhados. Deve-se dizer: "Você sofre porque dá de cara no muro. Mas dá de cara no muro porque não é por aí que tem que passar". Não deveríamos dar de cara na maioria dos muros contra os quais de fato trombamos. Esses muros não deveriam estar aí, não deveríamos tê-los construído.

33

Sempre estamos buscando soluções. Nunca aprendemos que não há solução. Nossas soluções são só remendos, e assim seguimos pela vida: de remendo em remendo. Mas, se não há solução, a lógica diz que também não há problema. Ou que o problema e a solução são a mesma e única coisa. Por isso, o melhor que se pode fazer quando se tem um problema é vivê-lo.

Travamos duelos que não são nossos. Naufragamos em mares pelos quais nunca deveríamos ter navegado. Vivemos vidas que não são nossas e, por isso, morremos desconcertados. O triste não é morrer, e sim morrer sem ter vivido. Quem viveu de verdade está sempre disposto a morrer; sabe que cumpriu sua missão.

Todas as nossas ideias devem morrer para que, por fim, reine a vida. E todas quer dizer todas, inclusive a ideia que possamos ter feito da meditação. Eu, por exemplo, comecei a meditar para melhorar minha vida; agora, medito simplesmente para vivê-la. Pensando bem, nunca vivo tanto como quando me sento para meditar. Porque não é que vivo mais quando medito, é que vivo mais conscientemente, e a consciência – como já disse – não é nada além do contato consigo mesmo.

Meditar é, para mim, estar comigo, e, quando não medito, não sei de verdade onde estou. Não se trata fundamentalmente de ser mais feliz ou melhor – o que é uma consequência –, e sim de ser quem se é. Estamos bem com o que somos – isso é o que devemos compreender. Ver que estamos bem como estamos – isso é despertar.

A felicidade não é ausência de infelicidade, e sim a consciência desta. Quando lançamos luz sobre nossa infelicidade, ela perde boa parte de seu poder corrosivo. A infelicidade é poderosa e causa estragos quando não temos consciência de sua causa e ramificações. A dor deixa de ser tão dolorosa quando nos acostumamos a ela. Não sei bem como cheguei a esse achado. Como também não sei como foi que consegui ser tão perseverante em minha prática diária de meditação, à qual sou tão fiel há pouco mais de cinco anos, assim como sou fiel à prática da escrita há aproximadamente duas décadas.

No início, eu me preocupava muito quando, por algum motivo, deixava de meditar alguns dias. Com o tempo, percebi que sempre voltava ao silêncio, que havia algo nele que me chamava. Há algo na meditação que, uma vez que se apodera de nós, é difícil erradicar. Também é difícil saber com precisão de que se trata. É como se houvéssemos nascido para ficar sentados em silêncio; ou como se houvéssemos nascido para acompanhar a própria respiração; ou para repetir incessante e lentamente uma oração, na esperança de um dia nos dissolvermos nela.

O silêncio é um chamado, mas não um chamado pessoal – como dizem os cristãos que sentem ter sido escolhidos para uma vocação singular –, e sim puramente impessoal: o dever de entrar não se sabe onde, o convite a se despojar de tudo que não seja substancial, na crença de que, nus, encontraremos melhor a nós mesmos. Algo ou alguém diz dentro do homem: "Emudeça, escute…". Nunca podemos ter certeza de ter ouvido mesmo essa voz, mas se de fato emudecemos e escutamos com regularidade, é porque provavelmente a ouvimos. Se não fosse assim, não encontraríamos forças para emudecer e escutar.

34

A promessa da meditação é a mais misteriosa que conheço, pois não é uma promessa de nada em particular: nem de glória, nem de poder, nem de prazer. Talvez seja uma promessa de unidade, ou de uma espécie de onerosa serenidade, ou de lucidez, ou de... palavras!

O silêncio provoca certo vício. Tem uma primeira fase, primeiríssima, de encantamento. "Que paz! Que agradável!", dizemos. Ou: "Por fim, silêncio!". Mas bastam poucos minutos, ou, na melhor das hipóteses, horas, para que essa agradável sensação se dissipe e o silêncio mostre sua face mais árida: o deserto.

Aquilo que temos que recapitular ou dizer a nós mesmos pode ser feito, na maioria dos casos, em um tempo relativamente breve. Mas o que menos importa na experiência do deserto é o que achamos ter que dizer a nós mesmos. Em contrapartida, importa o que o silêncio queira nos dizer, a nosso pesar. Ao contrário do espectador que, quando não gosta de um espetáculo, pode abandonar sua poltrona e simplesmente ir embora, o verdadeiro homem da meditação permanece em seu lugar mesmo quando o filme projetado dentro de si não lhe agrada por completo. Especialmente nesse caso é que deve permanecer.

Somos tão misteriosos que chega uma hora em que até o que nos desagrada passa a nos entreter e divertir. Sem tirar-lhe o caráter doloroso e frustrante, esse incômodo filme interior também pode ser considerado divertido sob certo ponto de vista. É divertido ver como lutamos para nos tornar nós mesmos. Divertido? Sim. Ver de verdade a si mesmo é realmente fascinante e divertido. Afinal de contas, é por isso que vamos ao cinema ou lemos livros: para que nos contem como somos, para que nos identifiquemos com o protagonista.

Ou você tem consciência de sua irritação, de seu nervosismo, de suas preocupações... ou o nervosismo, a preocupação e a irritação o dominarão. Simples assim: se não pensar neles, eles pensarão por você e o levarão aonde não quer ir. Pergunte-se por que está irritado, de onde brotou sua preocupação, como foi que começou a ficar nervoso, e verá que essa indagação é curiosíssima e até divertida. Ser o que se é se tornou o máximo desafio.

35

A prática da meditação à qual me refiro pode ser resumida em saber estar aqui e agora. Não em outro lugar, não em outro tempo. Isso significa que se trata de uma prática de (re)unificação, de (re)união. Queremos estar conosco: nossa inconsciência habitual rejeita, mas nossa consciência mais profunda sabe disso.

É difícil descer a essas profundezas onde pulsa essa sabedoria. A maioria das pessoas que conheço jamais frequenta essa parte de seu ser. Inclusive ignoram sua existência. Também há quem deboche de quem, como eu, fala dessas coisas. Esses últimos são, em geral, ratos de biblioteca; só leram, não viveram, pensam que o mundo cabe em uma categoria mental.

A meditação em silêncio e quietude é o caminho mais direto e radical ao nosso interior (não recorre à imaginação ou à música, para dar um exemplo, como acontece em outras vias), e isso requer um temperamento de soldado e uma firme determinação. Não é incomum que quem escolhe uma meditação tão dura e seca como essa de que estou falando tenha passado por muitas outras disciplinas espirituais de busca interior; e também não é incomum, pelo que pude constatar, que muitos saiam correndo depois das primeiras sentadas. Por quê? Porque se trata de algo muito físico e muito sóbrio.

É verdade que muitos intelectuais, sem ter se sentado para meditar sequer uma única vez, sentiram-se atraídos pelo silêncio. Mas tal fascinação, se não for acompanhada pela prática, serve de muito pouco. Na meditação silenciosa e em quietude, não há adornos nem floreios:

basta um cômodo que não seja quente demais nem frio demais; basta um banquinho ou uma almofada para se sentar e uma esteira; talvez um incenso bem suave ou um pequeno altar com uma vela acesa... tudo está a serviço do recolhimento, tudo convida à interiorização.

36

Para sentar-se para meditar é preciso ter uma extraordinária humildade, ou seja, estar disposto a abandonar os ideais e as ideias e tocar a realidade. Meditar ajuda a não levar a si mesmo tão a sério (uma escola de saudável relativização de si mesmo) e exige muita paciência, constância e determinação. E mais paciência, constância e determinação se adquirirão quanto mais nos sentarmos para meditar. Por isso a importância de encontrar um grupo com quem se sentar regularmente para meditar.

Mesmo estando sozinho e em silêncio diante do mistério, é bom saber que a seu lado há outros – também silenciosos e solitários – diante do mesmo mistério. As pessoas que meditam costumam ser pássaros solitários. Há outros pássaros no bando, mas cada um seguirá seu próprio ritmo. De fato, entre os Amigos do Deserto, que é o nome do grupo com o qual me sento regularmente para meditar, temos muito cuidado de evitar a comparação entre uns e outros, que é sempre o que destrói qualquer agrupamento humano. A meu modo de ver, esses amigos com quem me reúno são mais uma congregação de solitários que uma comunidade. Mas uma congregação que estimula a própria prática, e não só pela energia que os meditadores geram, mas porque, estimulados pelo exemplo alheio, tendemos a ser mais exigentes com nós mesmos. Ter um grupo de companheiros com quem se reunir para meditar é um grande tesouro, e ter um mestre ou acompanhante a quem expor as próprias dúvidas e temores é muito recomendável para avançar nessa via.

37

Uma pessoa pode ostentar importantes cargos ou nenhum, ser letrado ou analfabeto, ter tido milhares de experiências ou muito poucas, provir de longas viagens ou de uma aldeia pequena e desconhecida... nada disso é uma condição e muito menos um impedimento para meditar. Não importa qual seja seu passado. Não importa a bagagem que carrega consigo, e sim você, só você. Todo o resto é indiferente, ou pode até atrapalhar.

O respeito que sinto por quem considero meu mestre é enorme, e não só pelas luminosas palavras que sempre me ofereceu, mas por seu incrível senso de humor. Elmar Salmann – esse é o nome dele – ri de tudo, mas fundamentalmente de si mesmo.

Como estamos acostumados a lidar com gente preocupada com a imagem e a reputação, é quase surpreendente encontrar-nos diante de alguém que é indiferente ao que você pensa ou deixa de pensar dele. Isso espanta por sua raridade, mas especialmente pela soberania que comporta. E atrai porque é a isso que todos somos chamados: a esquecer de nós mesmos.

Entre todas as coisas que se interpõem entre nós e a realidade, entre todas essas coisas que nos impedem de viver porque agem como filtros deformadores, a mais difícil de erradicar é o que no zen-budismo se conhece como ego. Tanto Salmann, que além de monge beneditino é um verdadeiro sábio, quanto os três mestres zen com quem – em maior ou menor medida – me relacionei, travaram contra o ego uma batalha sem trégua. Constatar isso, ver como o dominaram sem perder seu caráter, é uma grande lição. Todos eles se movem com resolução e dizem simplesmente o que têm no coração e na cabeça, sem que pareça que se preocupam com a repercussão ou impressão que possam provocar. Nas palavras deles, não há nada mais que as palavras que proferem. Não há intenções posteriores. Não é preciso aprofundar no que dizem, interpretar nada. Simplesmente devemos tomar suas palavras tal como foram ditas, se desejarmos; ou deixá-las de lado se não forem as palavras oportunas para nós no momento.

Em tudo isso que escrevo sobre esses mestres – em particular sobre aquele que considero o meu –, não há nenhuma mitificação. Sendo como é, sem estratégia de nenhum tipo, Salmann deixa claro que eu ainda não sou quem realmente sou, e sim alguém artificioso demais e desnecessariamente complexo. Contudo, nunca saí com vergonha de mim depois de conversar com ele. Eu diria que saio rejuvenescido.

Diria que o simples fato de se colocar diante de uma pessoa verdadeira rejuvenesce.

Nossas conversas ou entrevistas nunca transcorreram em termos éticos ou morais – como é bastante habitual no catolicismo –, mas puramente fenomênicos, por assim dizer. Constatamos fatos e, no máximo, ele me oferece uma possível hermenêutica deles: algo assim como pistas para trabalhar ou um horizonte ao qual tender. Salmann sempre me ofereceu amigos para o caminho (autores e livros a cujos passos e intuições seguir e de seu manancial beber); um mapa, simples, mas coerente, para me orientar nesse território tão escorregadio e inexplorado que é a alma; e, por fim, algo como a abertura de um enorme panorama graças ao qual a pessoa pode voltar a respirar e se emocionar diante da plenitude do que tem à sua frente. Quando estou caído, o mestre não me levanta, mas me mostra com elegância que é muito melhor estar em pé. E me ensina a rir de minhas resistências. Em seus ensinamentos, há uma perfeita combinação entre exigência e indulgência, entre humor e seriedade.

38

Quando buscamos a nós mesmos adequadamente, o que acabamos encontrando é o
mundo. Na verdade, eu não mudo jamais,
ou mudo muito pouco; mas muda o modo
como me enfrento, e isso é fundamental.
Na arte como na vida, o ponto de vista não
é um mero matiz na meditação; é a pedra
central de um arco, ou a pedra angular.

Para observar bem a si mesmo, o olhar
deve ser oblíquo ou lateral, nunca direto.
Tendemos a fugir de nós mesmos quando
nos olhamos diretamente. Obliquamente, porém, como se quiséssemos enganar
o eu a que olhamos, esse eu substancial
permanece mais tempo e podemos repa-
rar nele, por fim tendo consciência do que
observamos. Foi assim que compreendi

que o que realmente buscamos é o buscador, e que em uma meditação bem realizada, tudo se desvanece, menos exatamente aquele que observa. Isso, o observador, a testemunha, é o permanente.

Quando os pensamentos e sentimentos, as imagens e ideias vão embora, o que resta? Resta o que buscamos, e é a isso que devemos olhar obliquamente. Esse olhar oblíquo deve ser atento, mas não fixo. Não consiste em olhar de maneira penetrante, tentando ir fundo ou desentranhar sabe-se lá o quê, e sim olhar amorosamente, sem pretensão, como quem espera uma revelação sem nenhuma pressa. O zen diz que um monge sem iluminação não vale nada, mas também que o caminho é a meta. De modo que o importante é essa espera que, como a gota de água que cai sobre uma pedra, vai nos perfurando bem pouco a pouco.

39

Quase todos os frutos da meditação são percebidos fora dela. Alguns desses frutos são, por exemplo, uma maior aceitação da vida como ela é, uma admissão mais cabal dos próprios limites e das doenças ou dores que arrastamos, uma maior benevolência para com os semelhantes, uma mais cuidadosa atenção às necessidades alheias, um apreço superior aos animais e à natureza, uma visão do mundo mais global e menos analítica, uma crescente abertura ao diverso, humildade, confiança em si mesmo, serenidade... E a lista poderia se estender.

Na prática constante da meditação, comprovamos que, quando aramos conscienciosamente nossa consciência e a adubamos bem, tudo cresce maravilhosamente.

Viver é se preparar para a vida. Todo esforço investido em si mesmo dá frutos, cedo ou tarde.

Claro que os frutos costumam tardar para ser colhidos, mas são, ah, se são! Pergunte aos artistas que, após longos anos de formação, dão à luz, sem esforço, como se nada fosse, uma obra-prima. Não foi sem esforço, não foi como se nada fosse. O tronco tinha raiz, a fruta estava madura.

40

O olhar para o vazio praticado durante a meditação silenciosa e em quietude tende gradualmente a ser levado para fora do tempo consagrado a ela, de modo que aprendemos a estar no mundo em atitude receptiva, não possessiva, respeitosa, não violenta... Também é uma boa prática observar todas essas mudanças no próprio caráter ou temperamento. Essas transformações temperamentais ou de conduta podem ser resumidas em uma: a dissolução do pequeno eu. Chamo ego ou pequeno eu essas identificações falsas às quais costumamos sucumbir. Essas miragens que nos fazem correr atrás de nada vão se reduzindo paulatinamente quanto mais se medita. É óbvio que esse pequeno eu esperneia e resiste; é óbvio que nosso falso eu coloca armadilhas para o verdadeiro, para que as coisas fiquem como estão; e é óbvio, por último, que com frequência há passos para trás. Porque o ego sempre reaparece, embora transformado, pois ninguém pode viver sem ele.

Uma das principais ameaças a todo esse processo de purificação interior está na crença – sustentada na realidade por quem não medita ou medita muito pouco – de que toda essa preocupação com o eu não serve para ajudar os outros. A esse respeito, direi algo que afirmo com frequência e que costuma surpreender: a ideologia do altruísmo se infiltrou em nossa mente ocidental, seja pela via do cristianismo, seja pela do humanismo ateu. No zen-budismo, pelo contrário, parece estar muito claro que a melhor maneira de ajudar os outros é sendo "si mesmo", e que é difícil – para não dizer impossível – saber o que é melhor para o outro, pois, para isso, seria preciso ser ele ou ela, e estar nas circunstâncias dele ou dela. Em outras palavras: toda ajuda a qualquer "você" será puramente voluntarista ou superficial enquanto não se descubra que eu sou você, que você é eu e que todos somos um. Consequentemente, o mais acertado parece ser deixar que o outro seja o que é. Acreditar que podemos ajudar é quase sempre uma presunção. O zen ensina a deixar os outros em paz, porque pouco do que acontece com eles é assunto nosso. Quase todos os nossos problemas começam por nos metermos onde não fomos chamados.

41

É evidente que, para um ocidental, tudo isso pode parecer muito cômodo e até irreal. Mas nada mais longe da realidade: permanecer cada um em seu lugar não é fácil; ir só aonde somos chamados é mais complicado do que parece à primeira vista. Se formos sinceros, reconheceremos que poucas pessoas nos ajudaram de verdade, embora muitas tenham tentado (ou dito ter tentado). No zen, não se tenta nada: se faz ou não se faz, mas não se tenta. E há no zen – como no taoismo em geral – uma singular preferência pelo não fazer, pois tem a convicção de que boa parte das coisas neste mundo funcionaria melhor sem a intervenção humana, que tende a violentar seu ritmo natural ou a criar efeitos secundários de proporções incalculáveis.

O engraçado – para não dizer patético – é que o homem está montado na vida e pretende sair ileso dela. Essa pretensão de chafurdar na lama sem se enlamear é, certamente, ilusória. Pois, quanto mais tentamos evitar os embates da vida, mais ela se empenha em nos fazer perceber o que é ou pode chegar a ser.

Já que estamos na vida, vamos vivê-la! Isso parece o mais sensato. Se temos que aprender a nadar, é melhor pular na água, e não passar tempo demais na beira pensando. Esse é exatamente nosso problema na vida: as hesitações, os medos, as dúvidas sistemáticas, o medo de viver. É sempre mais inteligente lançar-se na aventura. A meditação desmascara nossos mecanismos de proteção, projeta-os em tamanho gigante na tela de nossa consciência, mostra-nos tudo que perdemos por causa dessas salvaguardas fomentadas pelas convenções sociais e pressões de todo gênero.

42

Como qualquer outro método sério de análise interior, a meditação silenciosa e em quietude destaca a falácia de atribuir ao outro o que só cabe a nós. Na realidade, basta querer algo com intensidade suficiente para consegui-lo. Parece utopia, mas não há nada tão indestrutível quanto um homem convicto. Nenhum obstáculo é instransponível quando há verdadeira fé. A meditação fortalece essa fé e, com olhar ardente, derrete os obstáculos que encontra no caminho como se fossem blocos de gelo incapazes de resistir ao fogo de uma paixão.

Devemos nos sentar para meditar dispostos a entregar tudo, como um soldado que vai para a guerra completamente sozinho. Porque, na hora da verdade, é assim que estamos: sozinhos. No fim de um caminho, estamos sempre sozinhos e, às vezes, também na metade. Raramente, porém, no início. Nem o companheiro, nem a família, nem os amigos... nem mesmo Deus parece vir em nosso auxílio nos momentos decisivos. Todos estão muito ocupados com suas coisas, e nós devemos estar com as nossas. Não se trata de egoísmo ou de indiferença, mas de simples responsabilidade: cada um responde por si. No tribunal de nossa consciência, temos que prestar contas do que recebemos, do que vamos deixar no mundo ao morrer e abandoná-lo.

43

Eu, naturalmente, não sei bem o que é a vida, mas estou determinado a vivê-la. Dessa vida que me foi dada não quero perder nada: não só me oponho a ser privado das grandes experiências, como também – e especialmente – das pequenas. Quero aprender o quanto puder, quero provar o sabor do que me for oferecido. Não estou disposto a cortar minhas asas nem deixar que ninguém as corte. Tenho mais de 40 anos e continuo pensando em voar por todos os céus que surgirem diante de mim, singrar tantos mares quanto tenha oportunidade de conhecer e procriar em todos os ninhos que queiram me acolher. Desejo ter filhos, plantar árvores, escrever livros. Desejo escalar montanhas e mergulhar nos oceanos. Cheirar as flores, amar as mulheres, brincar com as crianças, acariciar os animais. Estou disposto a que a chuva me molhe e que a brisa me acaricie, a ter frio no inverno e calor no verão. Aprendi que é bom dar a mão aos idosos, olhar nos olhos dos moribundos, escutar música e ler histórias. Acredito em conversar com meus semelhantes, recitar orações, celebrar rituais. Eu me levantarei pela manhã e me deitarei à noite, ficarei sob os raios do sol, admirarei as estrelas, olharei a lua e me deixarei olhar por ela. Quero construir casas e partir para terras estrangeiras, falar línguas, atravessar desertos, percorrer trilhas e morder a fruta. Fazer amigos. Enterrar os mortos. Ninar os recém-nascidos. Gostaria de conhecer todos os mestres que possam me ensinar e ser mestre eu mesmo. Trabalhar em escolas e hospitais, em universidades, em oficinas... E me perder nos bosques, e correr pelas praias, e olhar o horizonte do alto dos precipícios. Na meditação, escuto que não devo me privar de nada, pois tudo é bom. A vida é uma viagem maravilhosa, e para vivê-la só uma coisa se deve evitar: o medo.

De todos os dilemas que conheço, o melhor deles é a vida. Quem pode resolvê-lo? A vida é tudo menos segura, apesar de nossas absurdas tentativas de que seja. Ou se vive ou se morre, mas quem decidir pelo primeiro deve aceitar o risco. Estamos à mesa, diante do tabuleiro, tudo está preparado para que agitemos os dados e os lancemos. E me entristece pensar que muitas pessoas têm esses dados nas mãos, até chegam a agitá-los, mas não permitem que eles, brincalhões e barulhentos, saiam rolando pelo tabuleiro. E me entristece que haja muitas que passam a vida com o olhar nesse tabuleiro, sem jamais optar por jogar; muitas que não sabem se deveriam ou não se sentar à mesa do banquete servido para elas; muitas que vão ao rio e não se banham, ou à montanha e não a sobem, ou à vida e não a vivem, ou aos homens e não os amam. Tenho a impressão de que a meditação foi inventada só para erradicar o medo. Ou, pelo menos, para encará-lo e aceitá-lo, para impor-lhe os limites precisos de modo que não possa derivar em pânico.

É possível viver sem lutar com a vida. Por que ir contra a vida se podemos ir a seu favor? Por que ver a vida como um ato de combate, e não como um ato de amor? Basta um ano de meditação perseverante, ou meio ano até, para perceber que é possível viver de outro jeito. A meditação racha a estrutura de nossa personalidade até que, de tanto meditar, a fenda se alarga e a velha personalidade se quebra e, como uma flor, começa a nascer uma nova. Meditar é assistir a esse fascinante processo de morte e renascimento.

44

É evidente que é possível viver sem nascer duas vezes, mas não compensa. É melhor renascer, e não duas vezes, mas muitas: tantas quanto formos capazes. Quantas vidas cabem em uma? Isso é importante, porque a magia dos inícios não se encontra nos desenvolvimentos. Há algo único em toda gênese: uma força, um impulso... O mais decisivo de qualquer atividade – e também de uma sentada para meditar – é o começo: a disposição inicial, a energia que se imprime, o alento ou entusiasmo do princípio. Sempre que sofremos algum embate sério na vida, somos chamados a renascer das cinzas, a nos reinventar.

Imagine por um momento o que mais deseja, e imagine também que não o consegue.

Pois bem, você pode ser feliz sem consegui-lo: isso é o que a meditação nos dá. A frustração pode ser elaborada criativamente, sem resignação. Todos nós podemos desejar coisas, mas cientes de que nossa realização humana não depende de consegui-las. Na realidade, vamos compreendendo que sempre acontece o que tem que acontecer. O que acontece é sempre o melhor que poderia ter acontecido. O devir é muito mais sábio que nossas ideias ou planos. Pensar o contrário é um erro de perspectiva e a principal causa de nosso sofrimento e infelicidade. Só sofremos porque pensamos que as coisas deveriam ser de outra maneira. Assim que abandonamos essa pretensão, deixamos de sofrer. Assim que deixamos de impor nossos esquemas à realidade, ela deixa de se mostrar adversa ou propensa e começa a se manifestar como é, sem esse padrão valorativo que nos impede de acessá-la. O caminho da meditação é, portanto, o do desapego, da ruptura dos esquemas mentais ou preconceitos: é ir se despindo até que comprovamos que estamos muito melhor nus.

Estamos tão lamentavelmente apegados a nossos pontos de vista que, se pudéssemos nos ver com certa objetividade, sentiríamos vergonha e até compaixão por nós mesmos. O mundo tem graves problemas para resolver e, em geral, o ser humano está embebido em problemas minúsculos que evidenciam sua pouca visão e sua incorrigível mesquinhez. O principal fruto da meditação é que nos torna magnânimos, ou seja, estende nossa alma: logo começam a caber mais cores nela, mais pessoas, mais formas e figuras... Na realidade, quanto mais nobre é um ser humano, maior sua capacidade de hospedagem ou acolhimento. Quanto mais vazios estamos de nós mesmos, mais cabe dentro de nós. O vazio de si, o esquecimento de si, encontra-se em proporção direta ao amor pelos outros. Cristo e Buda são, nesse sentido, os modelos mais ilustres que conheço.

45

O apego é completamente independente daquilo a que estamos apegados. Podemos sentir apego por nossa mãe, mas também por um simples caderno (e este segundo apego pode ser até mais visceral que o primeiro!). O apego tem a ver com o aparato ideológico que cerca o que temos e, especialmente, com nossa maneira de ter ou não ter. A meditação é uma maneira de purgar o apego; por isso não é agradável em um primeiro momento. Assim que atravessada essa via purgativa, a meditação se torna uma via iluminativa, mas vale a pena percorrer o caminho mesmo que não se chegue a uma grande iluminação. A simples purgação – e não é simples – compensa.

No fundo, tanto faz se avançamos muito ou pouco; o importante é avançar sempre, perseverar, dar um passo por dia. A satisfação não se encontra na meta, e sim no caminho. O homem é um peregrino, um *homo viator*.

Na meditação aprendi – estou aprendendo – que nada será mais forte que eu se não me apegar a isso. Claro que as coisas me tocam, os vírus me infectam, as correntezas me arrastam ou as tentações me tentam. Claro que sinto fome se não como, sede se não bebo, sono se não durmo. Claro que sou sensível à carícia de uma mulher, à mão estendida de um pedinte, ao lamento de um doente ou ao choro de um bebê. Mas, uma vez tocado ou infectado, tentado ou arrastado, apaixonado ou aflito, sou eu quem decide – como senhor – como viver essa carícia ou bofetada, esse choro ou gemido, como reagir a essa correnteza ou responder a esse pedido. Enquanto posso dizer "eu", sou o senhor; sou também criatura, claro, mas tenho uma consciência que, sem deixar minha condição de criatura, me eleva a uma categoria superior.

46

Nenhum homem se perderá irremediavelmente se frequentar sua consciência e viajar por seu território interior. Dentro de nós, há um reduto onde podemos nos sentir seguros: uma ermida, um esconderijo onde nos abrigar, porque foi preparado para esse fim. Quanto mais entramos ali, mais descobrimos como é espaçoso e bem equipado. Ali, na verdade, não falta nada. É um lugar onde poderíamos muito bem morar.

No início, devido à escuridão, para nos guiar por esse refúgio, precisamos de uma lanterna. Mas logo nossos olhos vão se acostumando às trevas e, no fim, nem sequer compreendemos como um dia precisamos de luz artificial para estar ali. É tudo tão claro! Tudo tão luminoso!

No país da própria consciência, há muitas moradas. É como um castelo com muros, torres e pontes levadiças. É como uma ilha, ou melhor, como um arquipélago. Lá você é dono e senhor como não imaginava que poderia ser de nenhum outro reino. Dá uma ordem e é obedecido; seus desejos se realizam antes que os formule. É um lugar cheio e vazio ao mesmo tempo. Nele você está sozinho, mas não se sente sozinho. Esse território é um mundo, seu mundo, o espelho de outro mundo, o mundo em si, mas concentrado, dilatado, expandido: seu lar.

Essa casa tão grande e linda é o que somos. Eu sou isso, você é isso; sabendo ou não, somos os senhores de todo um reino. A extensão de nossos domínios é formidável, e triste é a inconsciência com que o regemos.

A meditação fortalece a necessária desconfiança no mundo externo e a imprescindível confiança em nosso verdadeiro mundo, que costumamos desconhecer. Quando meditamos, nossas feições se suavizam e nossa expressão se transfigura. Continuamos aqui, nesta terra, mas é como se já nem pertencêssemos a ela. Habitamos outro país, pouco frequentado, e atravessamos os campos de batalha sem ser feridos. Não que as flechas não se cravem em nós ou as balas não afundem em nossa carne, mas essas balas não nos derrubam e essas flechas não fazem brotar sangue. Saímos desses campos de batalha crivados de balas e flechas, mas vivos: caminhando e sorrindo porque não sucumbimos e provamos nossa eternidade. Meditamos para ser mais fortes que a morte.

Ninguém sabe muito bem como é a consciência dos seres humanos, porque ninguém percorreu todos os seus domínios. Alguns chegaram muito longe em suas explorações; muitos não passaram da porta; a maioria desconhece que exista um território assim. Como um microcosmo, tudo que há fora está ali também: o universo, as galáxias, as árvores, os mananciais... Tudo, sem exceção, tem seu lugar ali: os rios e as montanhas, as trilhas e os precipícios, as brincadeiras da infância, os sonhos da juventude... nesse espaço, podemos nos perder sem angústia. Damos um passo e estamos longe; damos mil e continuamos perto. É o jardim do estupor e das maravilhas.

47

Dentro de nós, há uma testemunha. Ela está sempre ali, mesmo que não lhe demos bola. Meditar é deixá-la entrar, reanimá-la. Quando olhamos para ela, ela olha para nós. Conviver com a testemunha interior é muito mais inteligente que ignorá-la. É nesse sentido que cabe dizer que buscamos o buscador. Há um eu (verdadeiro) que olha para o outro eu (falso). Viver adequadamente, meditar, implica permanecer nesse olhar sem pretensões. Quem medita cedo ou tarde encontra essa testemunha: no início, ela se esfuma e é difusa, mas, pouco a pouco, seus contornos vão ficando mais nítidos, mas nunca chega o momento em que a capturamos e podemos domesticá-la. Essa testemunha tem que ser convocada na meditação, mas especialmente devemos esperá-la. Ela aparecerá nas brumas, às vezes, e depois se esconderá de novo.

Mais tarde, bem mais tarde, irá aparecendo durante a meditação o que poderíamos chamar de testemunha da testemunha. É aí, nessa testemunha da testemunha, que devemos permanecer o máximo de tempo possível. Alguém – que sou eu – me olha (o eu aparente), e alguém – talvez Deus – olha o eu que olha. Essa testemunha da testemunha só pode ser acessada na meditação muito profunda, e não há palavras para descrevê-la. Quando a colocamos em palavras, deixa de estar ali.

Apesar de desconhecido, o território interior é magnético: por menos que saibamos sobre ele, a verdade é que nos chama e nos atrai inevitavelmente. A meu modo de ver e sentir, é o chamado da pátria, o chamado da identidade. "Sou sua terra", diz esse território interior. "Venha." Então, empreendemos o caminho rumo a essa meta: um caminho tortuoso, cheio de pedras e mato. Desbravamos o terreno, cada vez mais transitável, até que, de repente, quando tudo parecia que daria certo, a meta desaparece, o caminho se borra e nos encontramos de novo, desolados, em terra estrangeira.

A terra prometida é você – isso é o que se aprende na meditação. Não pode se desesperar, pois o tesouro está em você, sempre consigo. A qualquer momento, você pode se refugiar nele se quiser. Você tem uma fortaleza no coração, e ela é inexpugnável.

Sob essa perspectiva, viver é transformar-nos no que somos. Quanto mais entramos no território interior, mais nus estamos. Primeiro tiramos as coisas, depois deixamos para trás as pessoas; primeiro nos desprendemos da roupa, depois da pele; pouco a pouco vamos arrancando os ossos, de maneira que nosso esqueleto – no que vale a metáfora – é cada vez mais essencial. Quando já tiramos tudo, deixamos para trás, por fim, a caveira. Quando já não temos nem somos nada, por fim estamos em liberdade. É o território interior: você não só está em sua pátria, como é sua pátria.

Esse percurso pode ser feito em vida: os grandes místicos o fizeram, estão fazendo. Esvaziaram-se tanto de si mesmos que são quase transparentes. "Esvazie-se de tudo que não é você", esse é o convite que se escuta o tempo todo quando se medita. Só naquilo que está vazio e é puro é que Deus pode entrar. Por isso Jesus Cristo entrou no ventre da Virgem Maria. Somos chamados – pelo menos é assim que eu vejo – a essa fecunda virgindade espiritual.

48

A pergunta pela virgindade espiritual, pela pureza do coração ou pela inocência primordial é a que realmente conta. Todas as outras são perguntas falsas, falsos problemas.

Vivemos vidas que não são as nossas; respondemos a perguntas que ninguém nos fez; queixamo-nos de doenças que não padecemos; aspiramos a ideais alheios e sonhamos os sonhos dos outros. Não há exagero, é assim: quase todos os nossos projetos de felicidade são quiméricos. As ideias que dizemos acariciar não são nossas; nossas aspirações são as de nossos pais, e até nos apaixonamos por pessoas de quem na verdade não gostamos. O que aconteceu conosco para que tenhamos sucumbido a tamanha impostura? Persigo algo que, no fundo, não desejo. Luto por algo que me é indiferente. Tenho uma casa intercambiável com a de meu vizinho. Faço uma viagem e não vejo nada. Tiro férias e não descanso. Leio um livro e não entendo nada. Escuto uma frase e sou incapaz de repeti-la. Como é possível que não me comova diante de um necessitado, que não responda quando me perguntam, que sempre olhe para outro lado e que não esteja onde de fato estou?

Diante dessa situação absurda, vou parar, pensar, respirar e nascer, se possível, pela segunda vez. Não estou disposto a não dançar ao som da flauta, ou a não comer quando me oferecem um manjar, ou a guardar para amanhã quando há quem não tenha para hoje. Também não estou disposto a me considerar o umbigo do mundo, nem a supor que o meu é o melhor, nem a me torturar com problemas ínfimos ou dores imaginárias. É lamentável ter chegado a tal ponto de inconsciência, de idiotice, a esse ponto de insensibilidade, a esse extremo de avareza, de preguiça, de vaidade... O mundo não é um bolo que eu tenho que comer. O outro não é um objeto que eu posso usar. A Terra não é um planeta preparado para que eu o explore. Não sou um monstro predador. Por isso, decidi me levantar e abrir os olhos. Decidi comer e beber com moderação, dormir o necessário, escrever apenas aquilo que contribua para tornar melhores aqueles que me lerem, abster-me da cobiça e jamais me comparar com meus semelhantes. Também decidi regar minhas plantas e cuidar de um animal. Visitarei os doentes, conversarei com os solitários e não deixarei que passe muito tempo sem brincar com uma criança. Também decidi recitar minhas orações todos os dias, prostrar-me várias vezes diante do que considero sagrado, celebrar a eucaristia: escutar a Palavra, partir o pão e repartir o vinho, dar a paz. Cantar em uníssono. E passear, que, para mim, é fundamental. E acender a lareira, o que também é fundamental. E fazer as compras sem pressa; cumprimentar os vizinhos, mesmo que não goste da cara deles; manter um diário; ligar regularmente para meus amigos e irmãos. E fazer excursões, e tomar banho de mar pelo menos uma vez por ano, e ler só bons livros ou reler os de que gostei.

A meditação – ou deveria dizer simplesmente maturidade? – me ensinou a apreciar o comum, o elementar. Por isso, viverei sob a ética da atenção e do cuidado. E assim, chegarei a uma velhice feliz, de onde contemplarei, humilde e orgulhoso ao mesmo tempo, a pequena grande horta que cultivei. A vida como culto, cultura e cultivo.

e 49

Essas são minhas decisões, mas, enquanto procuro trazê-las à vida, está sendo muito difícil aceitar que não vou conseguir nenhuma delas simplesmente sentando para meditar. Que meditando não vou conseguir nada em absoluto. Porque meditar é infinitamente mais estéril (mas também infinitamente mais fecundo) que tudo que se possa imaginar. O que escrevi nestas páginas é um pálido reflexo de minha experiência; minhas palavras ficam muito aquém ou muito além… Falar ou escrever sobre a meditação silenciosa é, na verdade, uma contradição, um paradoxo. Por isso mesmo, tudo isto não servirá muito a ninguém. E mais: o mais aconselhável seria parar de ler já e começar a meditar. Porque qualquer meditação, mesmo a mais curta, mesmo a mais dispersa, é boa para nossa alma. Sentar-se para meditar em silêncio é quase sempre o melhor que se pode fazer.

Em meu caso, comecei a fazer meditação porque percebi que andava com um desejo tão imperioso que me roubava a paz: de vencer como escritor. Já na época, há não tantos anos, eu sabia perfeitamente que esse desejo podia se realizar ou não; mas também sabia que, por maior que fosse meu sucesso, sempre o consideraria insuficiente e que, consequentemente, minha felicidade não deveria estar atrelada a uma expectativa tão pouco confiável. Estando eu acossado pela sede de reconhecimento e ainda mais de posteridade, meu mestre interior me advertia de que era uma corrida sem meta. À medida que fui fazendo meditação, a motivação inicial foi se esfumando e apareceram novas: ser melhor, viver mais intensamente, curtir mais a natureza, sentir-me uno com os outros... Seria falso afirmar que meu afã de glória literária tenha desaparecido por completo, e ingênuo pensar que essa busca – tantas vezes um motor – poderia se apagar totalmente; mas já não sofro tanto por essa causa nem faço meu bem-estar depender dela. Tenho o pressentimento – quase a convicção – de que nas letras, como em todo o resto, vencerei na medida correspondente a meus méritos. Não me perguntem por quê.

Tudo isso significa que perdi o utilitarismo com que comecei a meditar. Cada vez foco mais a prática em si e menos os supostos arredores com que ela costuma se adornar para não parecer tão seca. Porque a sobriedade tem seu encanto – isso ninguém pode negar –, mas é muito difícil encontrá-lo. É um tédio caminhar por uma estepe, é muito mais divertido andar por um bosque ou entre montanhas.

Minha meta hoje não é ser importante nem mesmo ser alguém. Uma aspiração desse tipo carece de sentido: já sou alguém, já sou importante... Quando fizer meditação porque sim, sem mais, começarei a fazer a verdadeira meditação. Enquanto isso, estarei me aproximando e afastando, flertando com as coisas, banhando-me e guardando a roupa. Para superar tudo isso só preciso de um pouco mais de silêncio, um pouco mais de meditação. Se escrevi estas páginas foi justamente para aumentar minha fé no silêncio, de modo que o mais sensato é que abandone já as palavras e me jogue, confiante, nesse oceano escuro e luminoso que é o silêncio.

BATUECAS, DEZEMBRO DE 2010

Guia para a
Biografia do silêncio

1. Espírito de principiante; 2. Remexer o lodo; 3. As ondas das distrações; 4. Resistências e perseverança; 5. Buscas demais; 6. A arte da espera; 7. O espanto de estar presente; 8. A felicidade é percepção; 9. Tudo muda; 10. Eu sou o universo; 11. Rotina e criatividade; 12. A consciência é a unidade consigo mesmo; 13. Matar os sonhos; 14. Gosto ou não gosto; 15. Qualidade das sentadas; 16. Vislumbres do real; 17. Prostrações ritualísticas e existenciais; 18. Pensar menos; 19. O sorriso do mestre interior; 20. A própria porção de dor; 21. O *iceberg* é só água; 22. A porta sem porta; 23. Falsos problemas; 24. Oportunidades do destino; 25. O silêncio em quietude;

26. O poder do agora; 27. Apaixonados pelo drama; 28. Observar a mente é o caminho; 29. Responsáveis por nosso estar bem ou mal; 30. O cenário vazio; 31. A única grande pergunta; 32. Um longo processo de decepção; 33. Morte das ideias; 34. Um chamado misterioso; 35. Ratos de biblioteca; 36. Congregação de solitários; 37. O mestre de meditação; 38. O olhar lateral; 39. Frutos da meditação; 40. O pequeno eu; 41. Preferência pelo não fazer; 42. Tudo depende de nós; 43. O dilema da vida; 44. Nascer duas vezes; 45. A via purgativa; 46. O país da consciência; 47. A testemunha da testemunha; 48. Ética da atenção e do cuidado; 49. A motivação inicial e as posteriores.

Acreditamos nos livros

Este livro foi composto em Fairfield LH e impresso pela Gráfica Santa Marta para a Editora Planeta do Brasil em junho de 2021.